Aprender Tenis en un Fin de Semana

Wilson
MADE TO WIN
8

Aprender Tenis en un Fin de Semana

PAUL DOUGLAS

Fotografías de Matthew Ward

Planeta

OTROS TÍTULOS EN LA MISMA COLECCIÓN

Aprender Golf en un Fin de Semana
Aprender Vela en un Fin de Semana
Aprender Escalada en un Fin de Semana (*en preparación*)
Aprender Esquí en un fin de Semana (*en preparación*)

DK

Un libro de Dorling Kindersley

en la colección
MANUALES PRÁCTICOS PLANETA
Dirección editorial
Juan Capdevila

Título original
Learn Tennis in a Weekend

Traducción
Andrés Ehrenhaus

Córcega, 273-279, 08008 Barcelona (España)
Primera edición: junio de 1991
ISBN 0-86318-594-0 editor Dorling Kindersley Ltd.,
Londres, edición original
ISBN 84-320-4821-6
Fotocomposición: Víctor Igual, S. A.,
Pujades, 68-72, 08005 Barcelona (España)

Printed in Italy by
Arnoldo Mondadori 1991

CONTENIDO

INTRODUCCIÓN

BIENVENIDO A APRENDER TENIS EN UN FIN DE SEMANA, una manera distinta y novedosa de acercarse a este deporte. Si bien poco ha cambiado en lo que a fundamentos tenísticos se refiere, los métodos instructivos, ya sean en clases prácticas o en forma de películas o textos, han ido conjugando conceptos consolidados e ideas de nuevo cuño hasta convertirse en un arte de absoluta actualidad. Nuestra visión de la enseñanza del tenis se basa en una instrucción llana y directa, incorporando los elementos uno a uno y ofreciendo claras y reiteradas demostraciones de las técnicas y golpes necesarios para ir avanzando en el juego. Personalmente, consideramos que el hecho de «lanzarse» a la pista antes incluso de iniciar un aprendizaje en

toda regla constituye un elemento clave para conservar la «disposición natural» hacia el tenis.

La enseñanza visual, que siempre ha sido importante, cumple hoy en día un papel fundamental en la práctica de un sinfín de deportes, de los cuales el tenis no es precisamente la excepción. *Aprender Tenis en un Fin de Semana* le ofrece un material fotográfico de primera calidad acompañado de instrucciones puntuales con las que complementar el trabajo en la pista creando «imágenes mentales» de su progreso y de los pasos necesarios para lograr golpes más perfectos. Véase a sí mismo en acción continua y acelerará su proceso de aprendizaje; no tiene más, pues, que incorporarse a las secuencias dinámicas incluidas como apoyo del gradual desarrollo de cada técnica.

Aprender Tenis en un Fin de Semana constituye a la vez una aventura y un desafío. Seguro que disfrutará usted de la aventura. Estaremos a su lado para hacer frente al desafío.

PAUL DOUGLAS

PREPARATIVOS PARA EL FIN DE SEMANA

Saque el máximo provecho a su fin de semana preparándose debidamente

PELOTAS
Cuente con pelotas de primera y segunda calidad (p. 12).

ESCOJA UN FIN DE SEMANA que pueda dedicar exclusivamente al tenis y reserve con la debida antelación una pista a su entera disposición. De ser posible, póngase de acuerdo con un compañero de juego cuyo interés y nivel sean similares al suyo. En caso contrario, necesitará un frontón o algún tipo de máquina lanza-pelotas que haga las veces de adversario. Es fundamental contar con el equipo adecuado. Dos raquetas mejor que una: evitará perder un tiempo precioso esperando que le cambien el cordaje roto. Necesitará dos o tres tubos de pelotas de primera calidad para la práctica competitiva y de 60 a 130 pelotas usadas para cargar la máquina y trabajar cada tipo de golpe. En cuanto al calzado, use zapatillas especiales para tenis y cambie sus calcetines antes de cada sesión. Además de la indumentaria adecuada, una toalla mediana y

EN FORMA
Comience su preparación física antes del fin de semana (pp. 16-19).

CALZADO
Decídase siempre por el calzado más cómodo y adherente (p. 13).

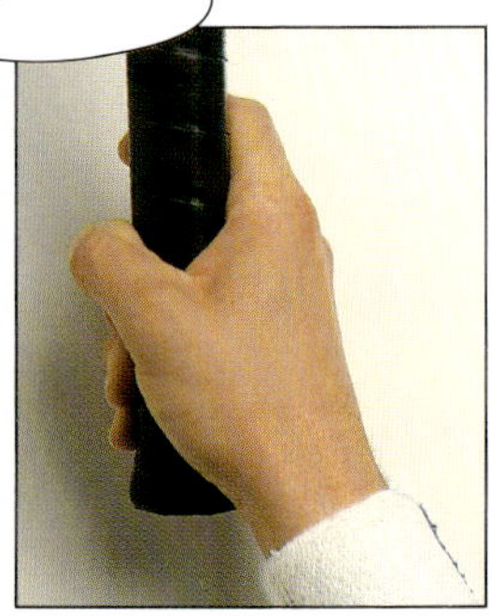

EMPUÑADURAS
Una empuñadura para cada golpe (pp. 20-21).

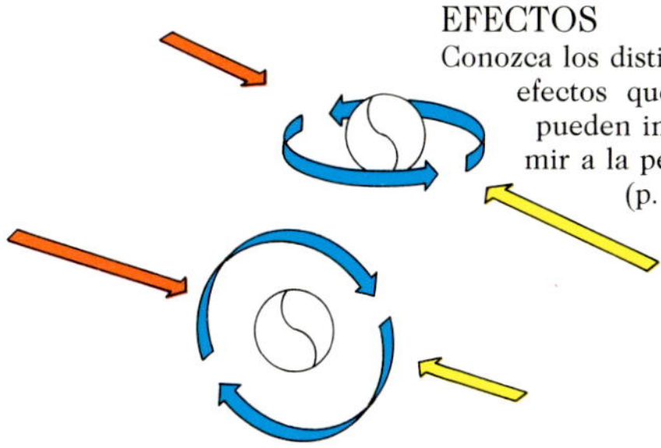

EFECTOS
Conozca los distintos efectos que se pueden imprimir a la pelota (p. 25).

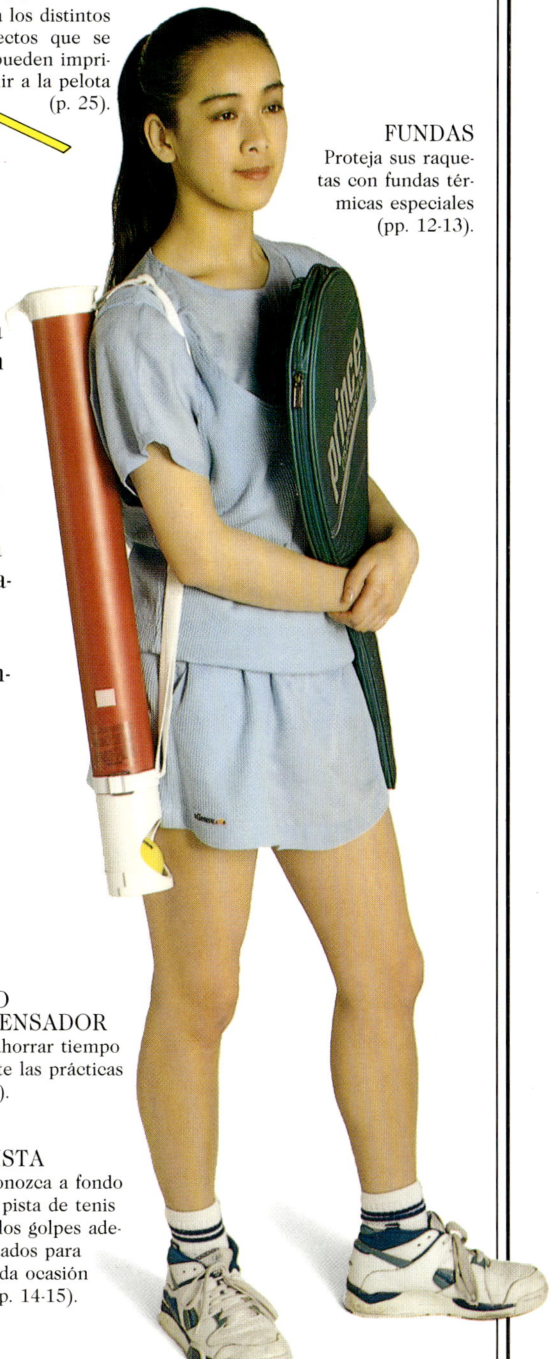

FUNDAS
Proteja sus raquetas con fundas térmicas especiales (pp. 12-13).

un par de muñequeras o una cinta para el cabello también pueden serle útiles. A menos que su estado físico sea excelente, el fin de semana de tenis le resultará bastante extenuante; para evitarlo, comience la puesta en forma varias semanas antes. Familiarícese con las empuñaduras, posiciones básicas y demás fundamentos antes de comenzar el fin de semana. Combine esta preparación previa con algunas sesiones de «mentalización» a través de las fotos y estará en plena forma para el DÍA 1. *Ver aclaración de los términos en* **negrita** *en el Glosario (pp. 92-93).*

TUBO DISPENSADOR
Para ahorrar tiempo durante las prácticas (p. 15).

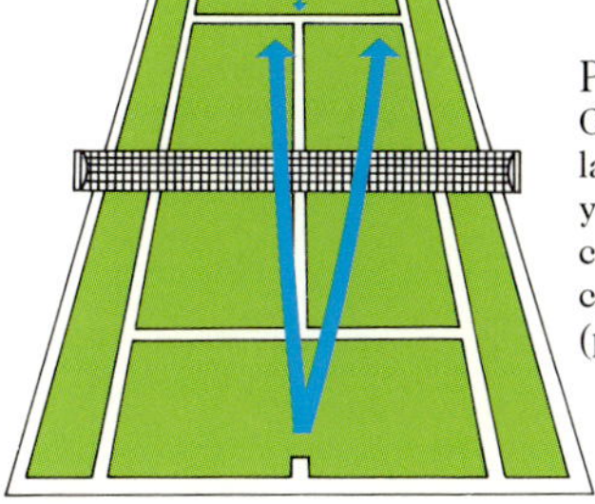

PISTA
Conozca a fondo la pista de tenis y los golpes adecuados para cada ocasión (pp. 14-15).

EL EQUIPO

Qué raquetas, cordajes, pelotas, calzado e indumentaria escoger

PARA SU FIN DE SEMANA TENÍSTICO necesitará una buena raqueta, acorde a su nivel y posibilidades, así como ropa adecuada y cómoda, incluido un chandal si lo tiene. Existen actualmente muchos tipos y tamaños de raqueta; la mayoría de ellos son variantes del tipo «wide-body» (cuerpo grueso) de perfil tangencial, el mayor avance en lo que a diseño de raquetas se refiere desde las de madera. Las raquetas de cuerpo grueso son hoy por hoy las más ligeras y fuertes del mercado.

CINTA DE SEGURIDAD
Una cinta de seguridad asegura el mango al cuello de la raqueta.

GARGANTA
La garganta suele estar escindida y su forma afecta en el grado de flexibilidad del marco y la amplitud del **centro de percusión**.

HOMBROS
Nexos de unión entre marco, puente y cuello.

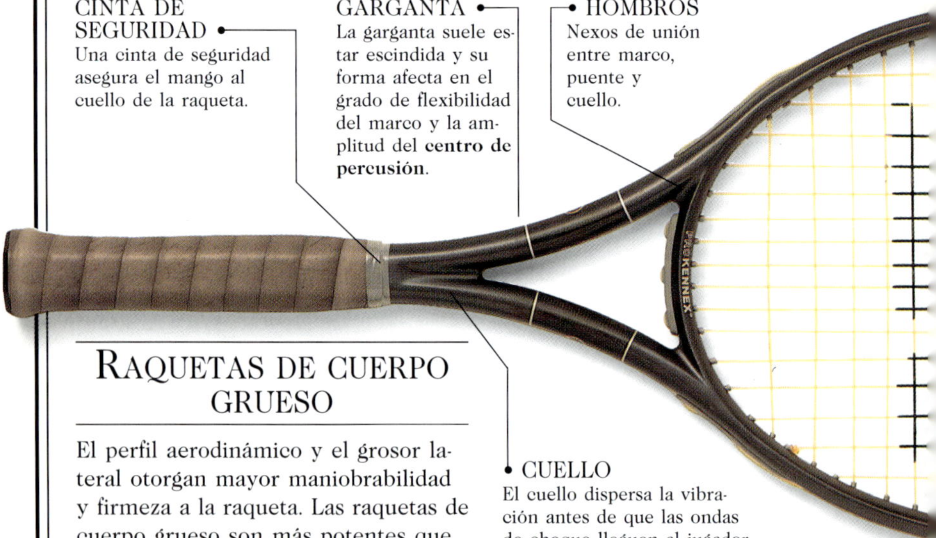

RAQUETAS DE CUERPO GRUESO

El perfil aerodinámico y el grosor lateral otorgan mayor maniobrabilidad y firmeza a la raqueta. Las raquetas de cuerpo grueso son más potentes que los modelos de cuerpo normal y se las puede balancear más fácilmente.

CUELLO
El cuello dispersa la vibración antes de que las ondas de choque lleguen al jugador a través del mango.

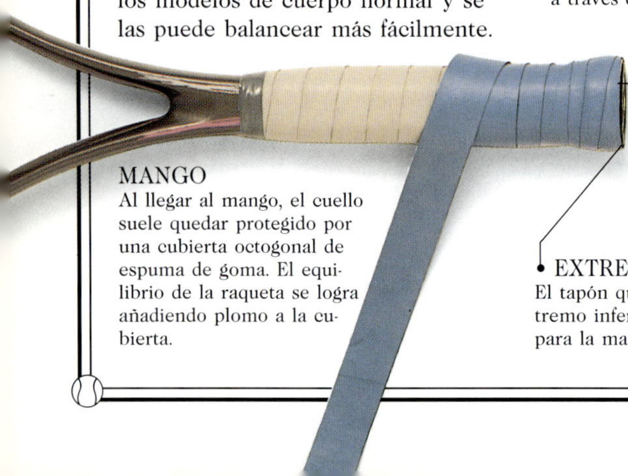

SOBRE-*GRIP*
Los sobre-*grips* incrementan la «sensación de firmeza». Tense la banda, rodeando el marco a partir del extremo inferior. Asegure el cabo con una doble vuelta y fije el final con el adhesivo.

MANGO
Al llegar al mango, el cuello suele quedar protegido por una cubierta octogonal de espuma de goma. El equilibrio de la raqueta se logra añadiendo plomo a la cubierta.

EXTREMO INFERIOR
El tapón que suele cubrir el extremo inferior actúa de tope para la mano.

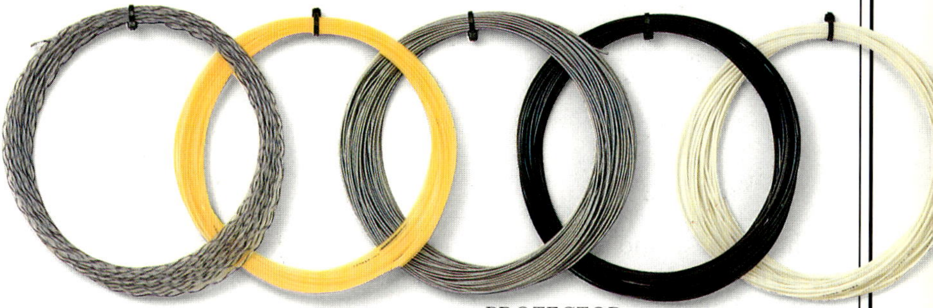

CORDAJES

Las cuerdas van desde el calibre 15 (gruesas) al 17 (delgadas). Existen dos clases de cuerdas sintéticas: monofilamento y multifilamento, que suelen ser mejores.

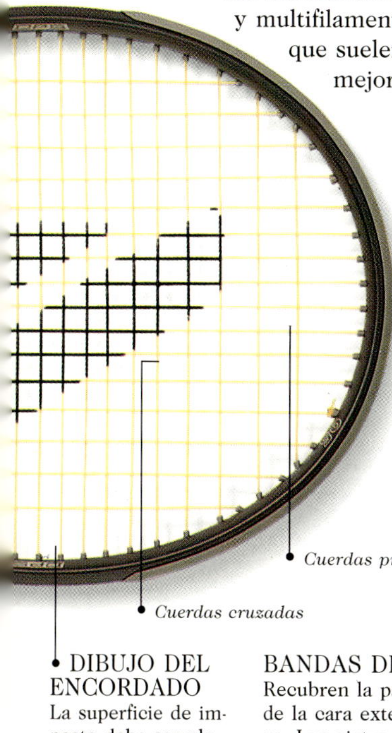

Cuerdas principales

Cuerdas cruzadas

PROTECTOR PLÁSTICO
Protege la corona del marco y las cuerdas.

DIBUJO DEL ENCORDADO
La superficie de impacto debe ser plana. Las cuerdas forman un tejido uniforme, pasando a través de los orificios del marco. Su dibujo varía, pudiendo ser más abierto o más denso.

BANDAS DE OJETES
Recubren la parte central de la cara exterior del marco. Los ojetes se introducen en los orificios para las cuerdas, protegiéndolas.

PUENTE
El puente completa la cabeza entre los hombros. Ha de ser capaz de soportar la tensión de al menos 6 cuerdas principales.

VESTIMENTA

Use prendas cómodas y fáciles de lavar. Los pantalones y las faldas no deben ceñir demasiado la cintura y las camisetas y polos han de permitir una absoluta movilidad de brazos y hombros. Use calcetines acolchados en la suela y el talón.

CINTAS
Recójase el pelo o use una cinta para evitar molestias y absorber el sudor de la frente.

MUÑEQUERAS ABSORBENTES
Para secarse el sudor del rostro y mantener secas las palmas de las manos.

FUNDAS PORTA-RAQUETAS
Las fundas térmicas tienen una capacidad de hasta 4 raquetas; la correa hace más cómodo su transporte.

— *PELOTAS DE TENIS* —

PERIODO DE PRUEBA
Las pelotas son sometidas a rigurosos controles de calidad antes de ser utilizadas en torneos oficiales. Escoja siempre pelotas de marcas conocidas y envasadas en botes presurizados; las de calidad inferior son perjudiciales para su juego.

A PARTIR DE CUATRO
Un tubo de 4 pelotas basta para los partidos de práctica, pero para entrenar con la máquina lanzadora o con un compañero necesitará un cesto lleno de pelotas de calidad regular.

ROPA DE TENIS
Escoja tejidos ligeros y lavables.

PARA EL EQUIPO
En las bolsas profesionales o porta-equipajes cabe todo lo que el tenista necesita.

PELOTAS DE TENIS
Un tubo de 4 pelotas de calidad profesional para los partidos o para entrenar en serio.

CALCETINES DE TENIS
Existen calcetines acolchados que protegen las zonas de rozamiento.

CHANDALS
Ideales para evitar el frío y calentar; realice la relajación previa con el chandal puesto.

PARA LOS PIES

EL CALZADO

La correcta elección del calzado le ayudará a proteger sus pies y mejorar su juego. Es importante que sea flexible y estable, y que sirva además de soporte al arco, tobillos y tendón de Aquiles. Si no puede comprar más que un par de zapatillas deportivas, decídase por las que se adapten al mayor número de disciplinas.

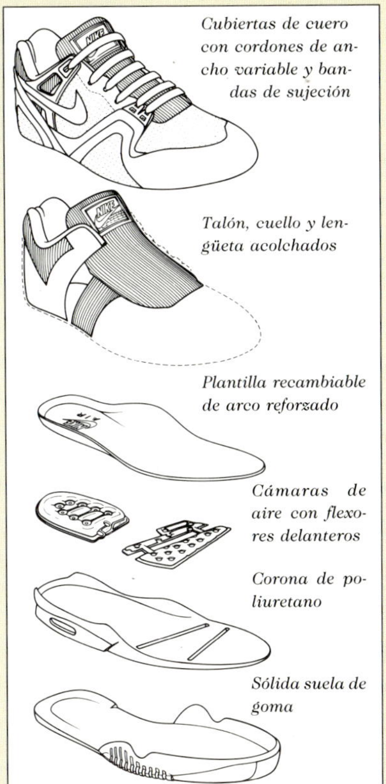

SUELA

Al elegir el calzado, tenga en cuenta la superficie en la que suele jugar, ya que cada una requiere un tipo ideal de suela: blanda para *indoors*, granulada para hierba y estriada para uso general. En la suela de la foto se observa una combinación de todas ellas.

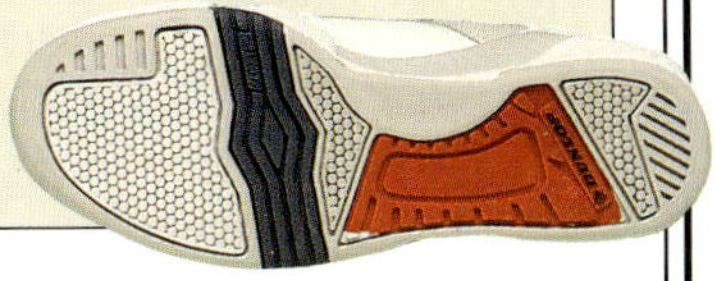

EN LA PISTA

Conozca la pista, sus marcas, tipos de superficie, redes y complementos

LA PISTA RECTANGULAR DE TENIS que conocemos data de los primeros Campeonatos de Wimbledon en 1877, fecha en que se establecieron las actuales dimensiones para individuales (23,77 m por 8,23 m. Para dimensiones completas, ver p. 86). A pesar de que el tenis se jugaba originariamente sobre hierba, hoy en día se utilizan varias clases de superficie, sintéticas la mayoría de ellas. Cada superficie cuenta con características propias que pueden resultar determinantes a la hora de jugar.

MARCAS

Las líneas en tenis son limítrofes y se las denomina en base a su función. Las líneas de fondo y laterales, por ejemplo, delimitan la profundidad y abertura de *drives* y voleas, mientras que las de servicio determinan la profundidad del saque.

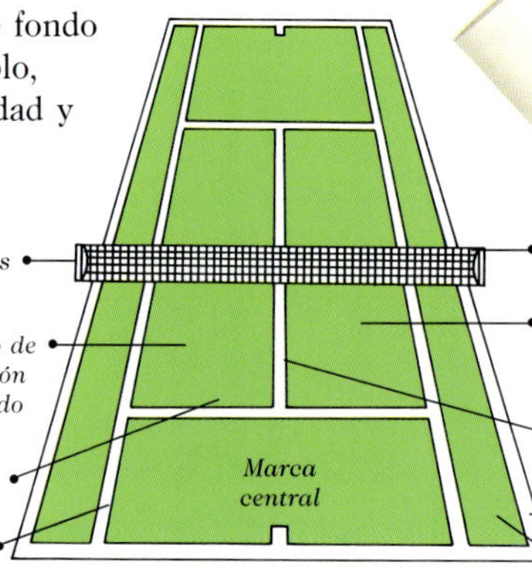

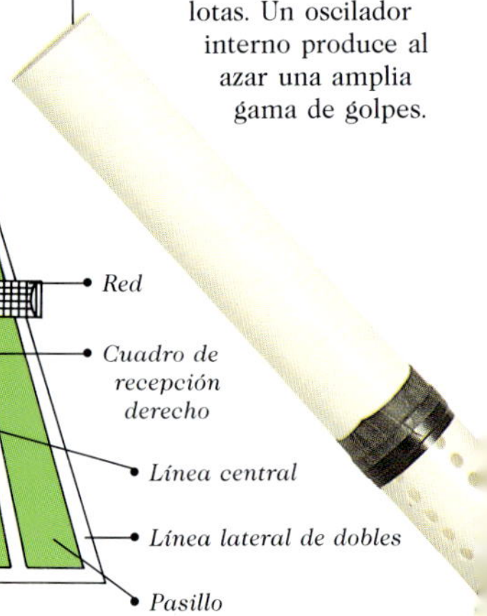

• EFECTO
Existen adaptadores especiales que imprimen efecto a las pelotas. Un oscilador interno produce al azar una amplia gama de golpes.

SUPERFICIES

TIERRA BATIDA
Lenta. Requiere mantenimiento regular de la capa superior de arenilla gruesa o fina.

HIERBA
Es una superficie rápida pero de difícil mantenimiento. La hierba artificial, más fácil de mantener, puede ser rápida o lenta.

CEMENTO
Rápida o lenta en función de su textura. Si ésta es gruesa, el juego se ralentiza considerablemente.

ASFALTO
Con base de betún; requiere escaso cuidado. Gana rapidez si se la cubre con pintura verde.

LA RED

MÁS QUE UN OBSTÁCULO

Al cruzar la pista de lado a lado y dividirla en dos, la red condiciona el juego y la clase de golpe para cada ocasión. Más que una barrera, es un desafío constante que se ha de resolver.

Altura postes: 1,07 y 0,91 m, por fuera de la pista de dobles

Altura central: 0,91 m

Altura listones: 0,91 m, por fuera de la línea de individuales

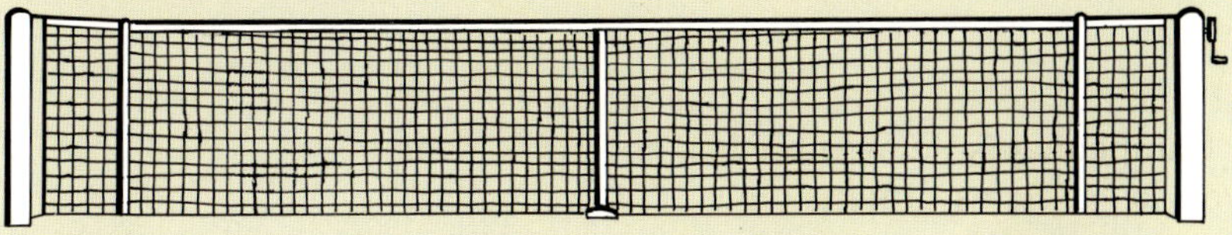

MÁQUINAS LANZA-PELOTAS

Los modelos actuales de lanza-pelotas son muy eficientes. Incluso en los más rudimentarios pueden acoplarse accesorios capaces de regular la velocidad y profundidad o simular los distintos efectos del juego real.

RECOGEDOR/ DISPENSADOR

Los tubos como el de la foto, con capacidad para 18 pelotas, evitan pérdidas de tiempo durante las prácticas. El extremo inferior también recoge las pelotas y un gancho permite colgar el tubo de cualquier valla.

LANZA-PELOTAS NEUMÁTICO

Esta máquina a propulsión de aire tiene capacidad para 135 pelotas. Puede lanzar una cada 3 seg a una velocidad de 33 m/seg. Su peso es de 14,5 kg y mide 96,5×56×33 cm.

FRECUENCIA

Lanza una pelota cada 3, 6 o 12 segundos, a elección.

PRÁCTICAS

Su escaso peso (14,5 kg) las hace especialmente maniobrables.

ENTRENAMIENTO BÁSICO

Ponga a punto músculos y extremidades para desarrollar la fuerza, resistencia, rapidez y flexibilidad necesarias en la pista

FUERZA, RESISTENCIA, RAPIDEZ Y FLEXIBILIDAD son los cuatro pilares de la preparación física del tenista y cada uno de ellos requiere su rutina particular: 1. Para estar fuerte y en buena forma empiece por los «Super 6» ejercicios que aparecen aquí. Dada su sencillez, no le resultará difícil integrarlos en las series habituales.
2. Correr varias veces a la semana es, además de beneficioso para los pulmones y el corazón, la clave de la resistencia. Dé algunas vueltas de 800 m como preparación para el fin de semana. 3. Esprints cortos y potentes de un lado a otro de la pista facilitarán la punta de velocidad necesaria para correr todas las pelotas. 4. Una serie diaria de ejercicios de estiramiento le darán flexibilidad.

ABDOMINALES 1
Siéntese con la espalda inclinada hacia atrás, las manos cruzadas sobre el pecho y las rodillas flexionadas. Lleve el tronco hacia las rodillas, regrese a la posición inicial y repita.

ABDOMINALES 2
Túmbese de espaldas, con las piernas juntas. Sin doblar las rodillas, eleve las piernas unos 45°, bájelas lentamente, sin tocar el suelo, y repita.

FONDOS
Cuerpo recto, boca abajo, apoyado sobre las palmas de las manos, brazos estirados a la altura del hombro. Inspire y flexione los codos, evitando tocar el suelo con las piernas. Suelte el aire y vuelva a extender los brazos.

SALTOS CON BANCO

Eleve el cuerpo haciendo presión con el pie izquierdo sobre un banco de unos 50 cm de altura y vuelva a la posición inicial. Repita la operación con el mismo pie. Efectúe luego las mismas repeticiones con el otro pie. Mantenga la espalda recta y la vista al frente.

RODILLAS AL PECHO

Partiendo de la posición de firmes, póngase en cuclillas y salte hacia arriba, juntando ambas rodillas en el aire a la altura del pecho. Repita sin pausas entre saltos.

ENCOGER-ESTIRAR

Póngase en cuclillas, brazos extendidos a los lados y palmas contra el piso. Lance de un salto ambos pies hacia atrás, estirando las piernas y el cuerpo; vuelva, también de un salto, a la posición inicial.

BRAZOS FIRMES

Los fondos son ideales para fortalecer brazos y hombros. No se esfuerce en extender o flexionar los brazos al máximo.

REFORZAR LOS DEDOS

Si se siente capaz y en forma, intente hacer los fondos sobre las puntas de los dedos.

CIRCUITOS

Establezca el número máximo de repeticiones de que es capaz para cada ejercicio (con un descanso de 45 segundos entre uno y otro) y divídalo por la mitad; mantenga este ritmo durante el primer mes. Repita la rutina completa sin pausas intermedias. A sesiones más breves, mayor progreso. Actualice el ritmo cada mes estableciendo nuevos máximos y dividiéndolos por la mitad.

ESTIRAMIENTO

Los ejercicios de estiramiento le permitirán mantenerse realmente flexible. No se apresure; relájese y disfrute de las elongaciones, empleando de 10 a 20 segundos por ejercicio. Repita la rutina completa, insistiendo progresivamente en cada gesto. Duración aproximada: 15 minutos.

SECUENCIA

Trate de realizar la serie en el siguiente orden: 7, 6, 4, 5, 1, 2, 3, 8. Respire con normalidad y no contenga el aliento.

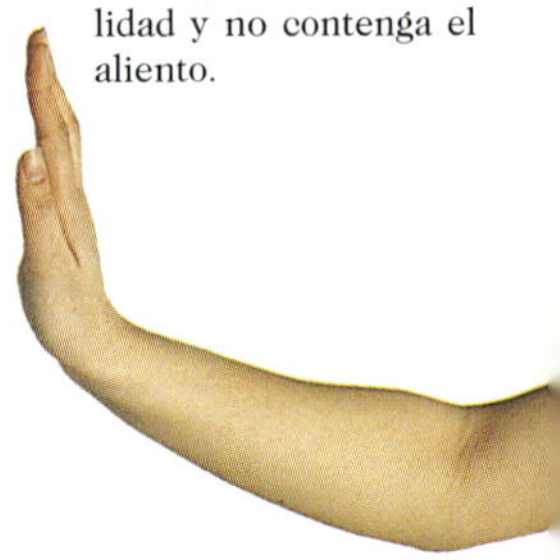

1 TORSIÓN DE CINTURA

Siéntese con la pierna izquierda estirada y apoye la mano derecha detrás de usted. Doblando la rodilla derecha, cruce su pie derecho por encima de la pierna izquierda, colocándolo junto a la rodilla. Gire el tronco como si mirase por encima del hombro derecho, haciendo contrapresión sobre la rodilla derecha con la mano izquierda.

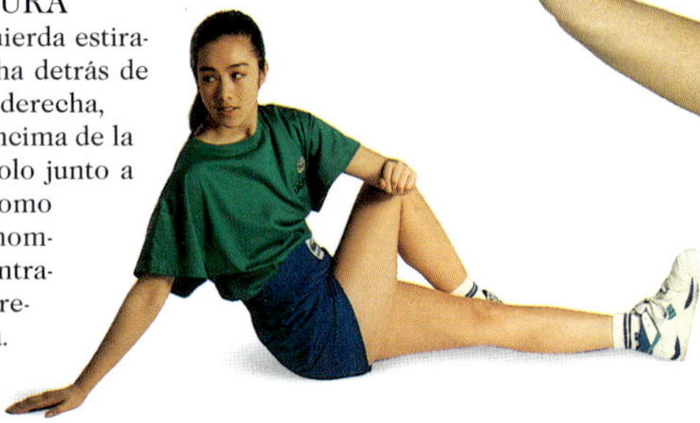

2 ABDOMEN

Túmbese de espaldas, piernas y brazos extendidos. Sin flexionar los brazos, deslice las palmas hacia atrás, elevando el tronco.

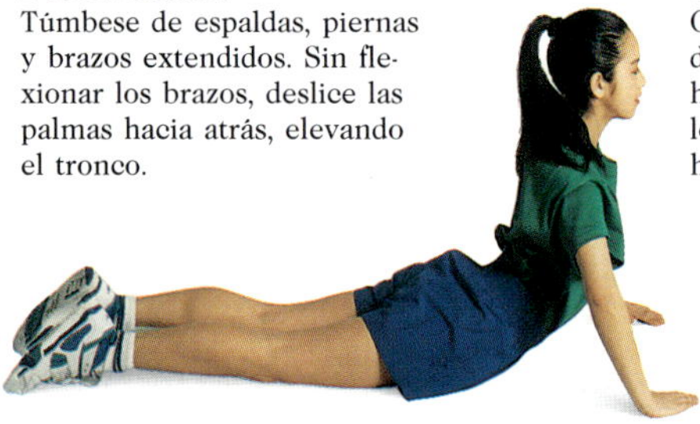

3 BRAZOS/MUÑECAS

Colóquese a gatas y vaya girando las manos hacia afuera hasta que las puntas de los dedos miren hacia las rodillas.

4 CORVA/PANTORRILLA TENDÓN DE AQUILES

Párese a unos 30 cm de cara a la pared, incline el tronco hasta tocarla con los brazos cruzados y apoye en ellos la frente. Flexionando un poco la rodilla derecha, estire la pierna izquierda hacia atrás sin levantar el talón y vaya empujando hacia adelante con las caderas.

5 CADERAS/CORVA/ INGLES

Dé un paso largo con la pierna izquierda, rodilla flexionada sobre la vertical del tobillo. Mantenga la pierna derecha extendida hacia atrás, talón levantado. Empuje las caderas hacia abajo y levemente hacia adelante.

6 RODILLAS/MUSLOS
Apoye la mano derecha en la pared. Flexione la rodilla izquierda hasta poder cogerse la punta del pie con la mano izquierda, llevando el talón hacia la nalga. Repita con la pierna derecha.

7 BRAZOS/HOMBROS
Haga girar ambos brazos en el mismo sentido, describiendo círculos amplios. Repita en sentido contrario.

POSTURA PERFECTA
Pierna recta. Cadera hacia adelante. Rodilla opuesta flexionada y talón presionando la nalga.

APOYO
Mantenga siempre recta la rodilla de la pierna de apoyo.

CALENTAMIENTO
Es fundamental trotar antes para calentar el cuerpo. Dé 5 vueltas a la pista de tenis, añadiendo algunos saltos laterales y carreras de espaldas en las 2 últimas vueltas.

8 ROTACIÓN DE CADERAS
Separe los pies y flexione levemente las rodillas, brazos en jarra. Haga rotar ampliamente las caderas en un sentido, luego en el otro.

LA EMPUÑADURA

La manera de coger la raqueta determina la manera de jugar

CADA VEZ QUE LA PELOTA golpea las cuerdas de su raqueta, usted se comunica con ella a través de la empuñadura. Las empuñaduras, así como los estilos que de ellas se derivan, son fundamentalmente tres: **Este, Oeste** y **Continental**. Las siete empuñaduras que se describen a continuación sirven tanto para principiantes como para jugadores adelantados. Si está entre los primeros, escoja las Este para el **juego de fondo** y primeras **voleas**, y la Este Modificada para sus primeros ensayos de servicio. Con el tiempo, le convendrá adoptar la empuñadura Continental al servir o volear. La Continental Modificada, también llamada de «chop» (corte, hachazo) porque se coge la raqueta como si fuese un hacha pequeña, es ideal para servir **liftado**.

CUÁNDO MODIFICAR LA EMPUÑADURA

SUPER SERVICIO
Cuando la mayoría de sus servicios superen la red y la mitad entre en el cuadro de recepción, estará en condiciones de utilizar la **Continental Modificada**, la empuñadura que mejor se adapta a toda clase de servicios y permite mayor juego de muñeca.

VOLEAS A DISCRECIÓN
Ni bien se sienta seguro en la red, pruebe la **Continental Modificada** tanto para las voleas de derecha como de revés. Una vez dominada, le permitirá responder velozmente sin necesidad de cambiar de empuñadura.

EMPUÑADURA CONTINENTAL
Coloque la «V» que forman el pulgar y el índice a la izquierda del punto central del plano superior, con el nudillo del índice apoyado en su borde inferior.

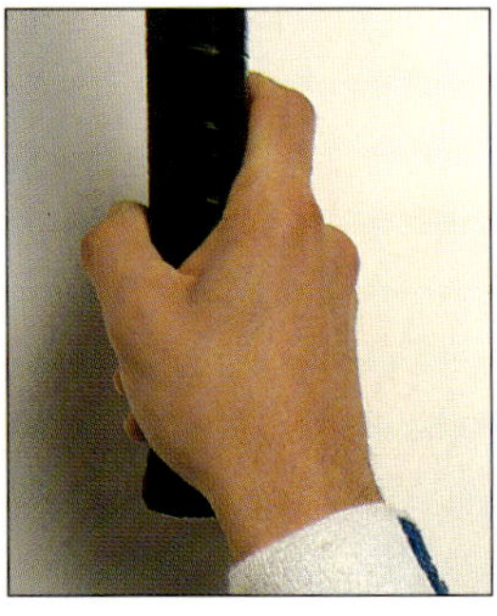

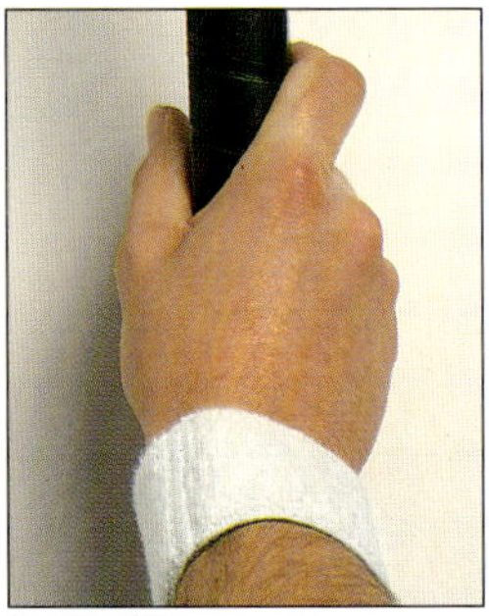

EMPUÑADURA ESTE DE REVÉS
Coloque la «V» en el chaflán superior izquierdo y el pulgar sobre el plano posterior. El nudillo del índice ha de descansar en el chaflán superior derecho.

EMPUÑADURA ESTE MODIFICADA DE *DRIVE*
Coloque la «V» en el centro del plano superior, con el pulgar abrazando el mango de manera natural.

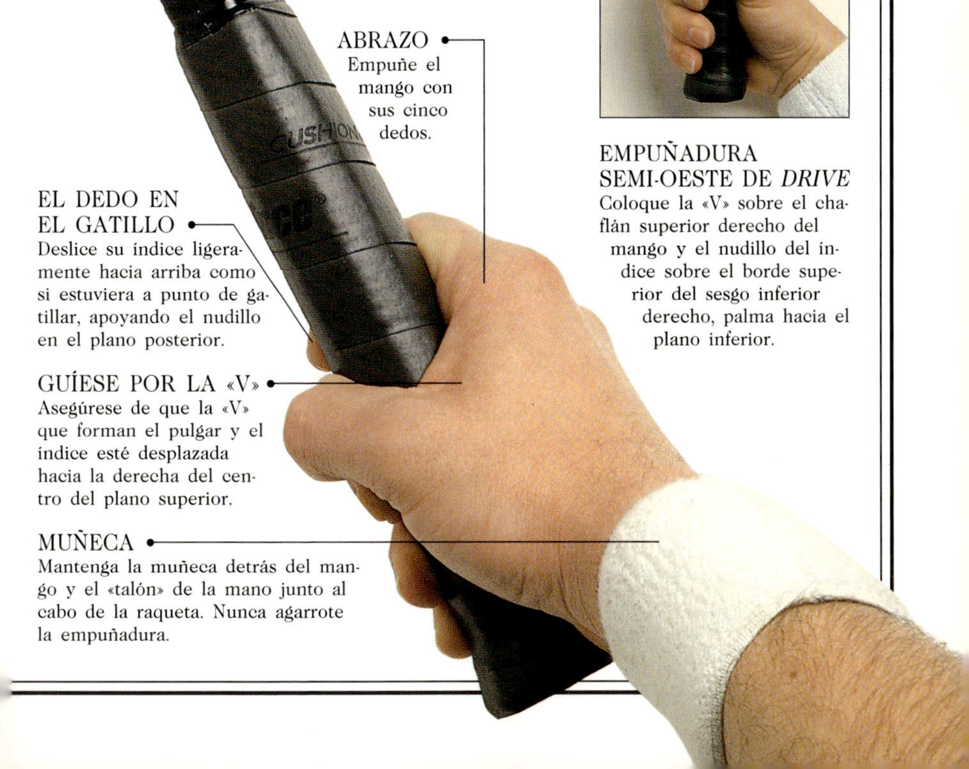

EMPUÑADURA ESTE DE *DRIVE*

Dé un «**apretón de manos**» al mango de su raqueta y habrá dado con la mejor empuñadura de *drive* para principiantes y números uno. Con la palma apoyada en el dorso del mango, esta empuñadura permite golpear con la máxima potencia.

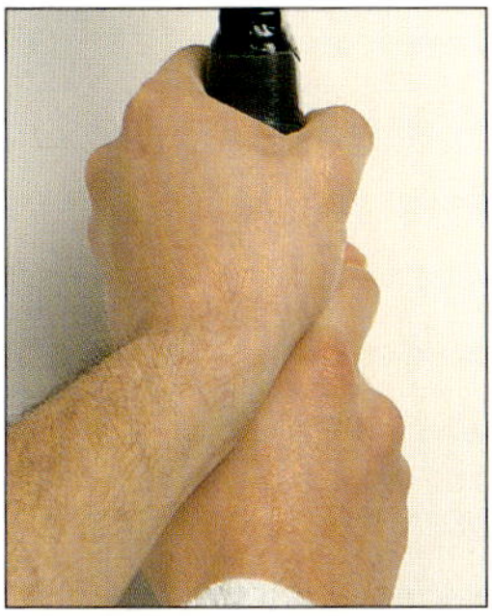

A DOS MANOS 1

Coloque la «V» de la mano pegadora a medio camino entre la **Continental** y la **Este de revés**. Para la mano de apoyo, que ha de descansar sobre el vértice de la «V», utilice una empuñadura **Este de *drive***.

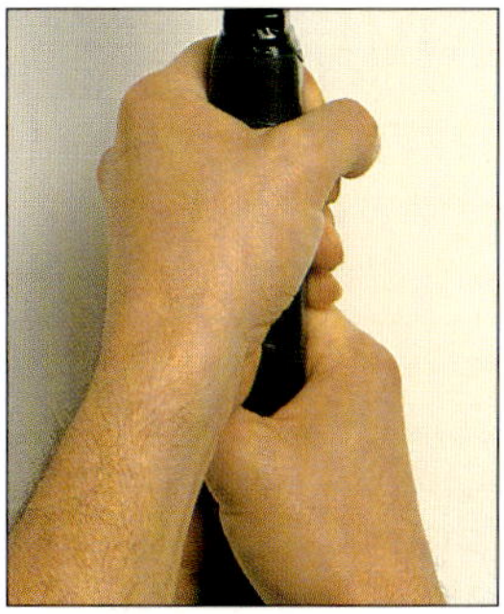

A DOS MANOS 2

Para lograr una mayor firmeza inicial, no modifique la posición después de ejecutar el *drive*; añada la mano de apoyo justo encima de la «V» con una empuñadura **Este de *drive***.

COMO UNA MANO

Considere la raqueta como una extensión natural de su mano. El tenis tiene su origen en el *Jeu de Paume* (literalmente, «juego de palma»).

EMPUÑADURA SEMI-OESTE DE *DRIVE*

Coloque la «V» sobre el chaflán superior derecho del mango y el nudillo del índice sobre el borde superior del sesgo inferior derecho, palma hacia el plano inferior.

ABRAZO

Empuñe el mango con sus cinco dedos.

EL DEDO EN EL GATILLO

Deslice su índice ligeramente hacia arriba como si estuviera a punto de gatillar, apoyando el nudillo en el plano posterior.

GUÍESE POR LA «V»

Asegúrese de que la «V» que forman el pulgar y el índice esté desplazada hacia la derecha del centro del plano superior.

MUÑECA

Mantenga la muñeca detrás del mango y el «talón» de la mano junto al cabo de la raqueta. Nunca agarrote la empuñadura.

POSICIONES Y CONTROL

Domine las posiciones básicas para desarrollar un juego completo

APRENDER A JUGAR A TENIS implica tener una noción clara de las posiciones de espera e impacto y de los distintos efectos que puede adquirir la pelota. Resulta imposible progresar en el **juego de fondo** si no se parte de una posición correcta. Aprenda a «leer» el trayecto de la pelota, prepare la raqueta con tiempo y no descuide el trabajo de pies a fin de precisar el impacto, balanceando adecuadamente el cuerpo y angulando la raqueta en la dirección idónea para el golpe que ha elegido. Su capacidad para elegir los golpes y efectos más acordes es otro de los factores determinantes del ritmo y la eficacia del aprendizaje.

POSICIÓN DE ESPERA

Sitúese de cara a la red con las piernas separadas, rodillas flexionadas y el peso sobre la parte anterior de los pies. Sostenga la raqueta justo delante suyo, dispuesta a ejecutar cualquier tipo de golpe.

VISIÓN AMPLIA
Al disponerse a volear, agáchese un poco para colocar los ojos a la altura de la pelota que llega. Intente mantener los codos apartados del cuerpo.

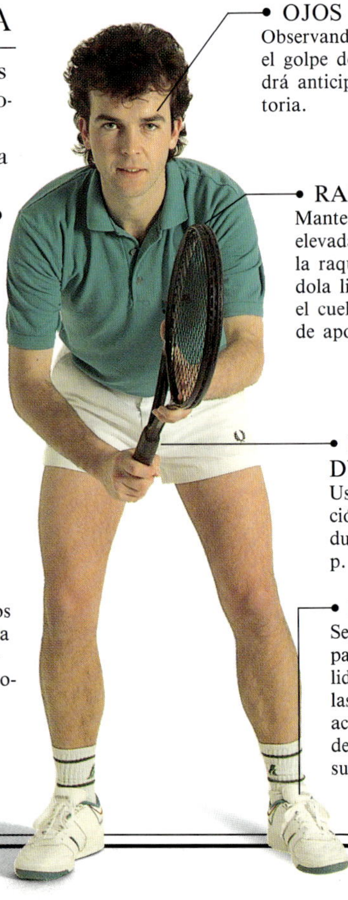

OJOS
Observando atentamente el golpe del oponente, podrá anticipar su trayectoria.

RAQUETA
Mantenga un poco elevada la cabeza de la raqueta, sosteniéndola ligeramente por el cuello con la mano de apoyo.

EMPUÑADURA
Use, en esta posición, la empuñadura de drive (ver p. 20).

PIES
Separe los pies para ganar estabilidad y flexione las rodillas para acercar el centro de gravedad al suelo.

COORDINACIÓN
Algunos jugadores realizan el servicio elevando directamente la raqueta a la posición de descarga; intentan así solucionar una falta de ritmo durante la secuencia.

OJOS
Esté atento a la posición del adversario.

BRAZOS
Apoye la pelota contra las cuerdas y comience a bajar lentamente ambos brazos, separándolos al llegar a la altura de la pierna delantera.

EMPUÑADURA
Use la empuñadura Continental en cuanto se sienta seguro con su servicio, extendiendo el índice a fin de incrementar el control sobre la cabeza de la raqueta.

POSICIÓN DE SERVICIO

Prepárese mentalmente, relajando el cuerpo y buscando el equilibrio antes de empezar. Observe al rival antes de decidir la dirección y el tipo de servicio que utilizará (ver también p. 47).

PIES
Si saca desde la derecha, manténgase junto a la marca central. Aléjese en cambio unos 30-60 cm de la marca central al servir desde la izquierda y ganará angulación.

TRAYECTORIA DE LA PELOTA

ANTES Y DESPUÉS DEL BOTE
En el juego de fondo, la pelota describe dos vuelos o trayectorias: una después de ser golpeada por la raqueta, la otra después de haber botado al otro lado de la red. Al principio, prever la segunda trayectoria puede resultar difícil. Intente imaginar el sitio en el que botará la pelota y sitúese en función de ello. No se lance hacia el bote: espere la pelota. En el servicio también se describen dos trayectorias; en la volea, una.

JUGADAS CON NOMBRE PROPIO

DISTINTOS GOLPES

El golpe corresponde a la acción de impactar la pelota; la jugada consiste en el resultado y eventual destino del golpe. Muchas jugadas pueden realizarse mediante golpes diferentes, como es el caso del revés cortado de aproximación (ver pp. 80-81). He aquí algunas de las jugadas más frecuentes del tenis.

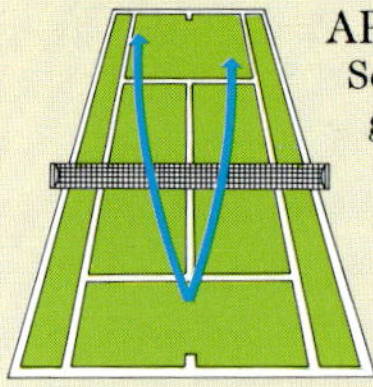

APROXIMACIÓN

Se trata de cualquier golpe con que se prepara la subida a la red. Puede ser tanto cruzado como paralelo o al centro.

GOLPES CRUZADOS Y PARALELOS

Como su nombre indica, los **golpes cruzados** atraviesan la pista en diagonal mientras que los **paralelos** lo hacen longitudinalmente.

DEJADA

La pelota bota poco después de superar la red y apenas se eleva; se la golpea con efecto cortado.

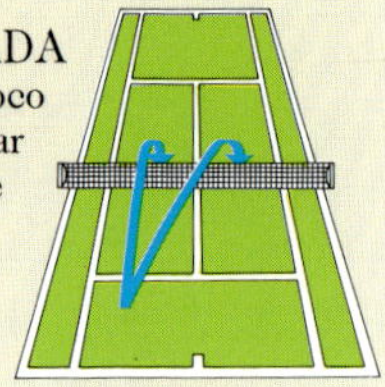

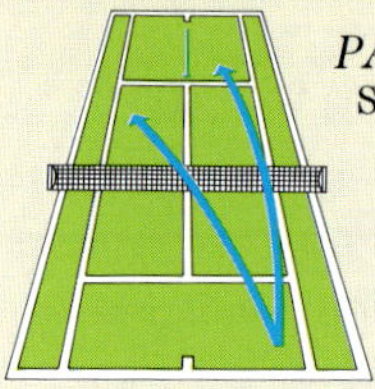

PASSING-SHOT

Se trata en este caso de superar desde el fondo al adversario que ha subido a la red, tanto con un golpe **cruzado** como **paralelo**.

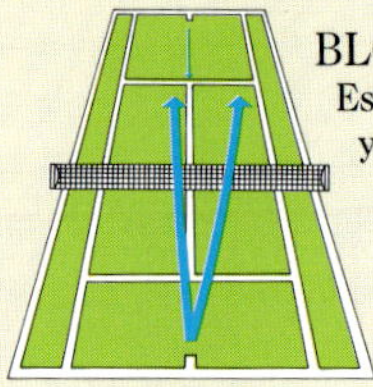

BLOQUEO

Es un golpe cortado y poco profundo, dirigido a los pies del adversario o lejos de su alcance.

EL IMPACTO

Busque el máximo equilibrio al entrar en la zona de impacto, acercando el centro de gravedad al suelo. En esta foto, el jugador afirma la muñeca y mantiene la cabeza de la raqueta por encima del puño para ejecutar una volea baja.

BRAZO
Compense el peso con el brazo pasivo extendido.

PIES
Separe mucho los pies y avance hacia el impacto; agáchese todo cuanto pueda y ganará estabilidad.

IMPRIMIR EFECTO

La cantidad y el tipo de efecto que se aplica a la pelota determinan en gran medida sus dos trayectorias. A su vez, el efecto dependerá del sitio donde bote la pelota.

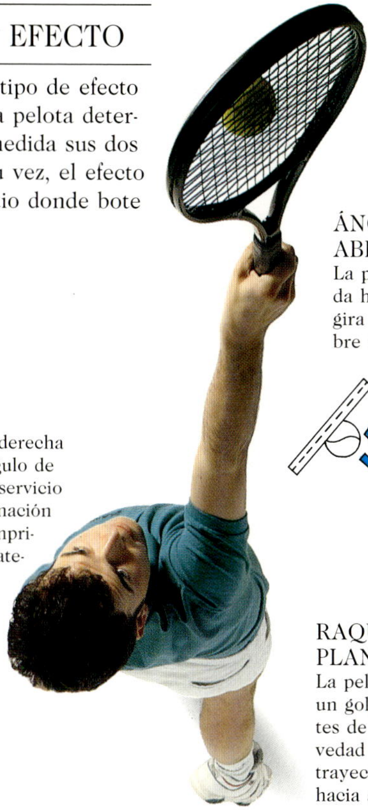

SERVICIO CORTADO
En la foto de la derecha se aprecia el ángulo de impacto para el servicio cortado. La inclinación del encordado imprimirá un efecto lateral a la pelota.

INCLINACIÓN DEL ENCORDADO

El éxito de un golpe depende del ángulo formado por la pelota y las cuerdas.

ÁNGULO ABIERTO
La pelota, golpeada hacia arriba, gira hacia atrás sobre sí misma.

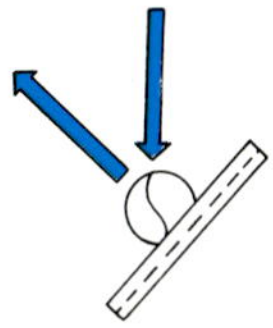

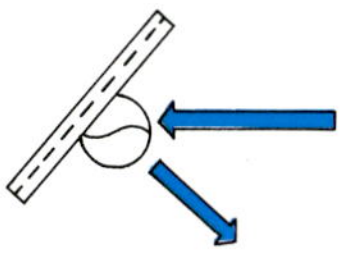

ÁNGULO CERRADO
Al golpearla hacia abajo, la pelota gira hacia adelante.

RAQUETA PLANA
La pelota recibe un golpe recto antes de que la gravedad desvie su trayectoria hacia abajo.

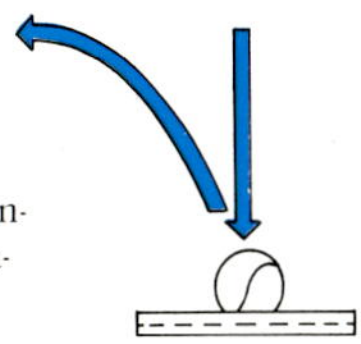

TIPOS DE EFECTO

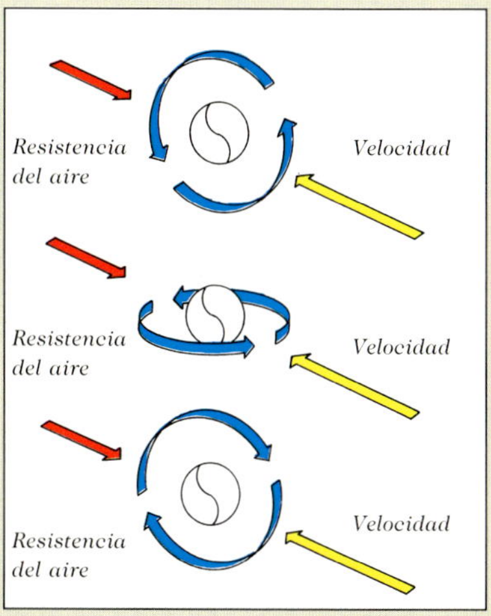

LIFTADO
La parte superior de la pelota gira hacia la resistencia del aire, empujándola hacia abajo. Esta clase de golpes han de ejecutarse como si la red fuese bastante más alta.

EFECTO LATERAL
Al girar de derecha a izquierda contra la resistencia del aire, la pelota se desplaza más a la izquierda, y viceversa. El efecto lateral es ideal para el servicio y el juego de aproximación (ver pp. 80-81).

EFECTO CORTADO
Aquí lo que gira contra la resistencia del aire es la base de la pelota, impulsándola hacia arriba. A menos de buscar un globo cortado, esta clase de golpes han de jugarse casi a ras de la red (ver pp. 74-75).

CURSILLO DE FIN DE SEMANA

Esquema y objetivos

EL CURSILLO ABARCA DOCE TÉCNICAS, repartidas en dos jornadas de estudio y práctica. El primer día se dedica a los **golpes de fondo** fundamentales, al **servicio** y al resto, deteniéndose antes en el dominio de la pelota y la raqueta. Durante el segundo día se introducen la **volea**, el **globo** y el *smash*, así como los fundamentos competitivos del **juego de aproximación** y del servicio y volea. Al final del primer día ya estará usted jugando algunos tantos; al final del segundo, un juego, un *set* o manga y hasta un partido completo. Cada cual tiene su ritmo, así que no se desaliente si no logra cumplir los plazos.

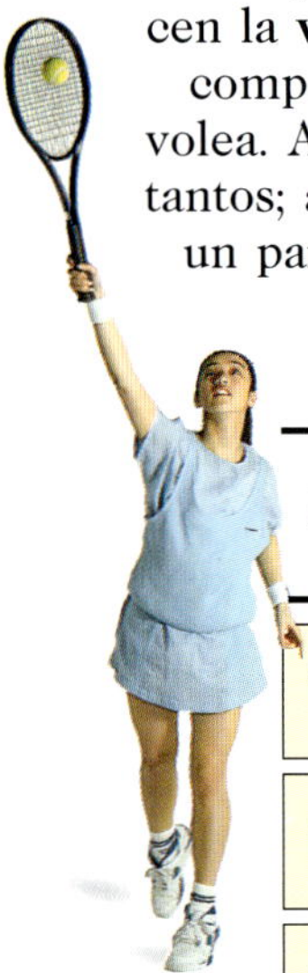

Servicio normal

DÍA 1	*Horas*	*Páginas*
TÉCNICA 1 Dominio de la pelota	1	28-31
TÉCNICA 2 *Drive*	1-1 ½	32-37
TÉCNICA 3 Revés	1-1 ½	38-43
TÉCNICA 4 Revés a dos manos	1 ½	44-45
TÉCNICA 5 Servicio	1	46-55
TÉCNICA 6 Resto	1	56-59

Acompañamiento

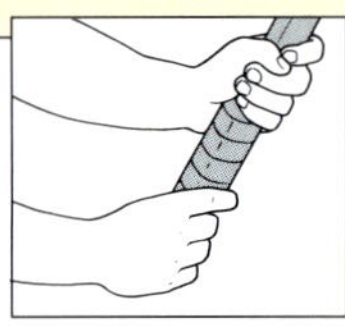

Cambio de empuñadura

SIMBOLOGÍA

RELOJES

En cada encabezamiento de una técnica nueva aparece un reloj. Su sección azul pretende ilustrar el tiempo estándar que se le puede dedicar a la técnica referida; además, ubica la técnica en el esquema horario del cursillo. Compruébelo, por ejemplo, yendo a la p. 32. La zona gris indica que la técnica anterior ha ocupado alrededor de 1 hora, y la zona azul aconseja emplear 1 1/2 horas en la Técnica 2.

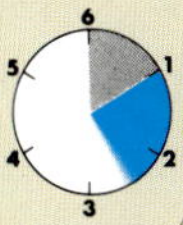

NIVEL DE DIFICULTAD

Las técnicas están clasificadas de acuerdo a su nivel de dificultad. Un punto (•) significa que la técnica es bastante sencilla, mientras que las de máxima dificultad se señalan con cinco puntos (•••••).

MINISECUENCIAS

Las minisecuencias ilustran los pasos en los que se descompone cada técnica. Los de color azul corresponden al paso ilustrado por la foto.

Visualización

Smash

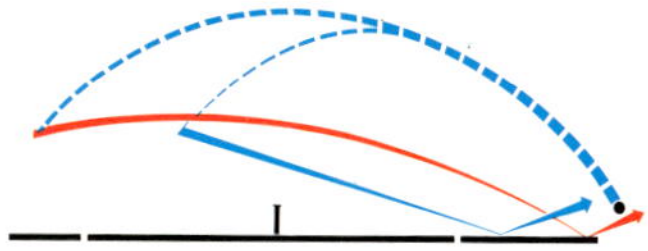

Trayectorias de la pelota

DÍA 2	*Horas*	*Páginas*
TÉCNICA 7 Volea de derecha	1	60-65
TÉCNICA 8 Volea de revés	1	66-71
TÉCNICA 9 Globo defensivo	1	72-75
TÉCNICA 10 *Smash* ofensivo	1	76-79
TÉCNICA 11 Aproximación a la red	1	80-81
TÉCNICA 12 Servicio y volea	1	82-83

Servicio cortado

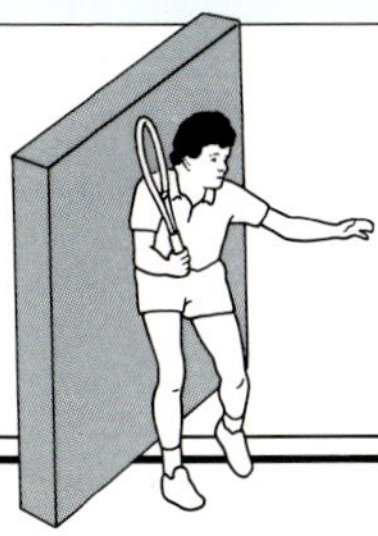

Prepare la volea

Volea

TÉCNICA

DÍA 1

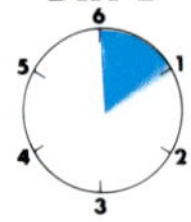

1 DOMINIO DE LA PELOTA

Definición: *Saber reaccionar ante una pelota en movimiento y dominar una serie de ejercicios básicos*

COMPRUEBE SU DOMINIO de la pelota jugando con alguien a lanzarla y cogerla con la mano. Comience la sesión lanzándola hacia arriba por su cuenta, luego pase a los ejercicios estáticos por parejas y finalmente improvise ejercicios dinámicos. Fíjese metas competitivas (por ejemplo, «ganará el primero en coger 10 seguidas en el aire») para estimular el esfuerzo y ayudar a la concentración.

OBJETIVO: Desarrollar y aplicar el dominio de la pelota a los golpes fundamentales del tenis.
Nivel de dificultad de • a ••••• según la habilidad natural.

BOTAR Y COGER

Juegue con un compañero a pasarse la pelota y cogerla antes de que bote. Ahora deje botar la pelota entre ambos, cogiéndola a una altura media entre cintura y rodilla justo antes del segundo bote.

AGUCE EL DOMINIO
Ejercite su destreza pasando una pelota y recibiendo otra simultáneamente, como ilustra la foto. Comience lanzando su pelota directamente hacia el otro y a la altura de la volea, buscando luego dirigirla hacia abajo. En cuanto domine este ejercicio, combine las trayectorias, lanzando uno hacia abajo y el otro a la volea, y cambiando cada tanto a una señal convenida.

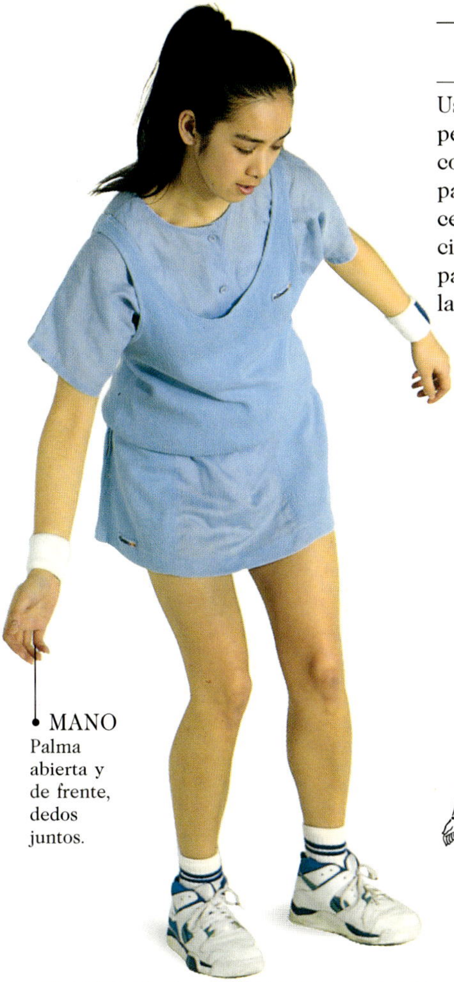

PALMEAR LA PELOTA

Use la palma de su mano para golpear la pelota, desarrollando así la coordinación y la distancia adecuadas para contactarla en su trayectoria descendente y a una altura media entre cintura y rodilla. Practique contra una pared o con un compañero al otro lado de su red.

MANO
Palma abierta y de frente, dedos juntos.

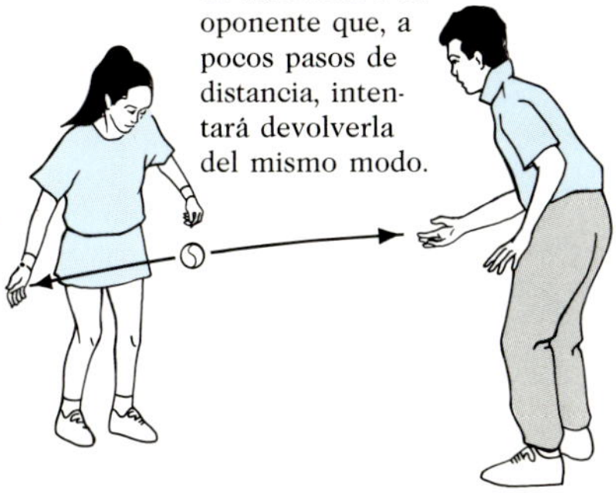

DE PALMA A PALMA
Lleve la mano pegadora hacia atrás, con la palma abierta y los dedos juntos, y deje caer una pelota a un lado y un poco por delante suyo, golpeándola con un movimiento ascendente de la mano en dirección a su oponente que, a pocos pasos de distancia, intentará devolverla del mismo modo.

MINI-TENIS

DESARROLLE SU HABILIDAD
El mini-tenis o tenis de playa es ideal para adquirir un buen dominio de pelota además de resultar ameno e interesante. Se juega en una pista similar a la de badminton (13,4 × 6,1 m), con una red central de 80 cm de altura. Las raquetas son cortas, ligeras y generalmente de plástico, y la pelota es de gomaespuma o de escasa compresión.

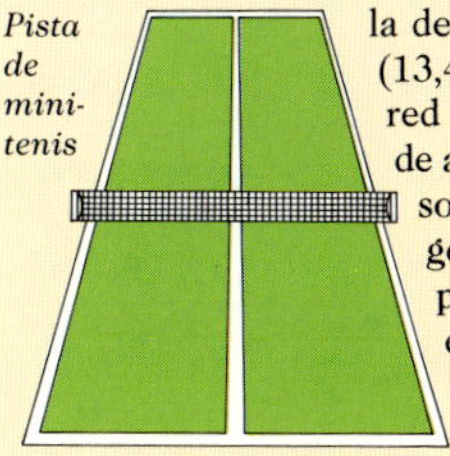

Pista de mini-tenis

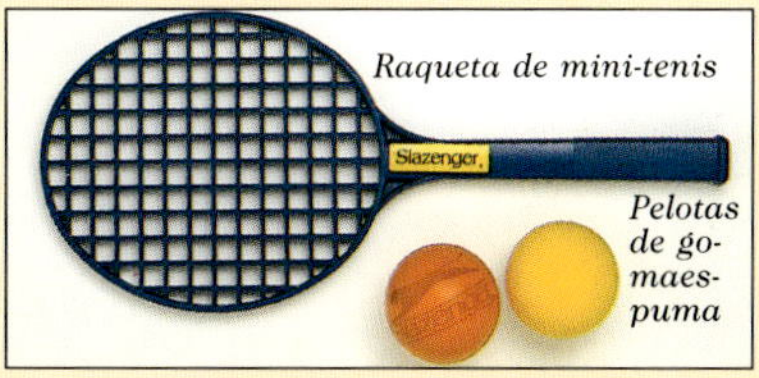

Raqueta de mini-tenis

Pelotas de gomaespuma

Gana el primero en lograr 11 puntos o una diferencia de dos si se empata a 10. Si bien esta versión simplificada del tenis se suele emplear como paso inicial del aprendizaje infantil, también los adultos podrán sacarle partido.

CONTROL MANUAL

COORDINACIÓN MANO/VISTA

Los ejercicios con pelota sola son esenciales para desarrollar la coordinación entre manos y ojos. Repita estos ejercicios siempre que tenga ocasión.

1. Lance una pelota al aire y cójala al caer. Use ambas manos primero y luego sólo aquella con que coge la raqueta.
2. Lance la pelota con la izquierda y cójala en el aire con la derecha, y viceversa.
3. Haga botar la pelota por encima suyo y cójala con ambas manos, luego con una.
4. Haga que la pelota bote alta y trate de dar una vuelta entera antes de cogerla.

AMPLÍE EL REPERTORIO

Trate de practicar otros deportes para perfeccionar su dominio de la pelota. El baloncesto es ideal y le ayudará a adquirir mayor flexibilidad.

ACCIÓN Y REACCIÓN

Sitúese a cierta distancia y de espaldas a su pareja y espere a que grite su nombre; luego dese la vuelta y trate de coger la pelota que le lanzará. Ahora le toca a usted decidir cuándo lanzarla.

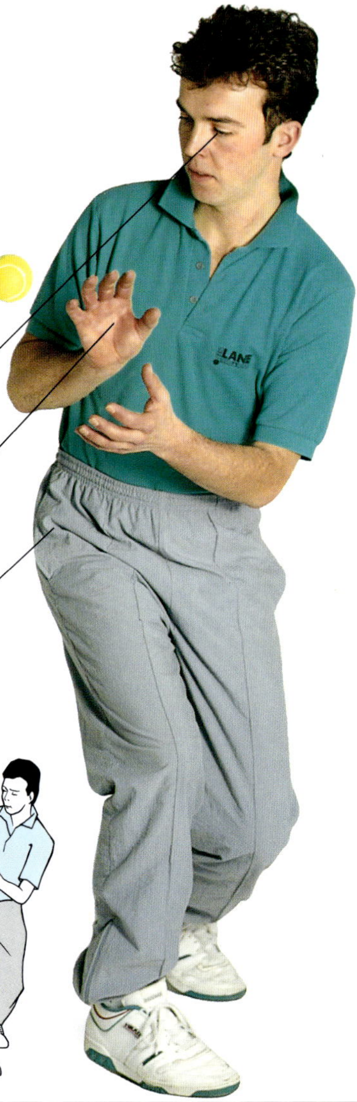

CONTACTO VISUAL
En cuanto oiga su nombre, gire rápidamente y busque la pelota con la vista.

MANOS
Vaya en pos de la pelota con manos y ojos.

CADERAS
Ejercite su equilibrio girando sólo de cintura para arriba.

AÑADA DIFICULTAD
Cuando el ejercicio anterior comience a resultar sencillo, pruebe a retrasar el llamado hasta después de haber lanzado la pelota, avisando cada vez más tarde.

CONTROL DE LA PELOTA

A fin de acostumbrarse a modificar la angulación en el impacto y fortalecer al mismo tiempo la muñeca, practique hacer botar la pelota alternativamente en uno y otra caras de la raqueta, haciéndola girar entre bote y bote.

CÓMO EMPUÑARLA
Use una empuñadura natural y mantenga la raqueta delante suyo antes de empezar a botar la pelota en las cuerdas.

POSICIÓN
Separe los pies y flexione levemente las rodillas.

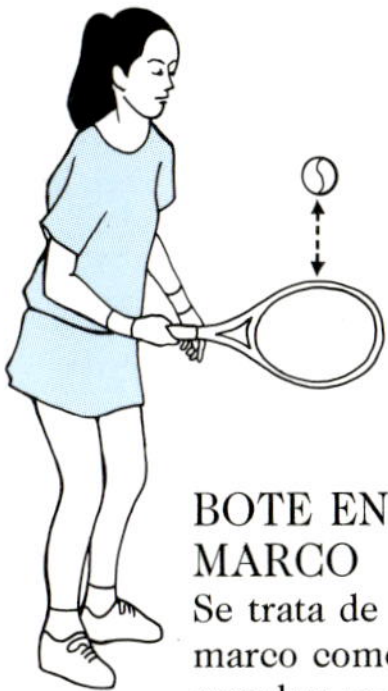

BOTE EN EL MARCO
Se trata de utilizar el marco como antes las cuerdas; mantenga especialmente firme la empuñadura y mueva apenas la cabeza de la raqueta al impulsar la pelota hacia arriba. Este ejercicio reviste gran dificultad y proporciona un óptimo control de la pelota.

«SWING», DESCARGA, TOQUE

Pegue algunas serpentinas de tela en la parte superior del marco para practicar las 3 acciones básicas del juego: el *swing*, la descarga y el toque seco. Observará que el *swing* y la descarga requieran cierta velocidad y los golpes secos prácticamente ninguna. El *swing* es característico del juego de fondo, y su impulso es esencial para devolver la pelota con presteza. La descarga se usa en el saque, donde se busca la máxima velocidad de la raqueta para imprimir velocidad a una pelota que está casi en reposo, y también en el *smash* ofensivo. En las voleas se trata de redirigir con un golpe seco el impulso de la pelota hacia su nueva diana.

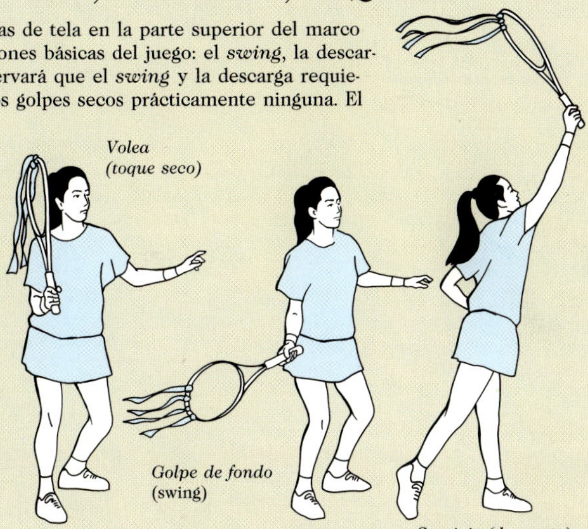

Volea (toque seco)

Golpe de fondo (swing)

Servicio (descarga)

TÉCNICA

DÍA 1

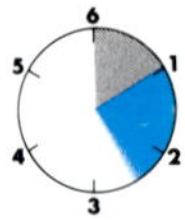

2 EL «DRIVE»

Definición: *Es el más natural de los golpes de fondo, tanto si se parte de una postura cerrada como de una semi-abierta.*

EL «DRIVE» ES EL GOLPE de fondo básico, ya sea para el jugador novato como para el avezado. Al igual que los antiguos guerreros que en la diestra llevaban la espada y en la opuesta el escudo, los jugadores de tenis tienden instintivamente a atacar la pelota con la mano derecha. Si es éste su caso, no se inhíba: desarrolle desde el primer día un ataque agresivo. Recuerde que un tenista sin un *drive* potente es como un pistolero sin pistola.

OBJETIVO: Ejecutar un golpe de ataque global capaz de dirigir el juego desde el fondo de la pista y crear las condiciones para decidir en la red. *Nivel de dificultad* ••

AJUSTE, RITMO, CONTROL

Una trayectoria arqueada reduce el margen de error

HACIA DÓNDE APUNTAR

Si busca un *drive* o un revés profundos, imagine una diana a doble altura de la red o aproximadamente a 1 m por encima de ésta.

DESCRIBA UN RIZO

Relaje el codo al final de la apertura y deje que la cabeza de la raqueta describa un rizo, añadiendo ritmo y velocidad al golpe.

APUNTE CON EL HOMBRO

Gire el tronco en la apertura de tal modo que el hombro pasivo apunte a la pelota, ganando así dirección y mayor control de las ocasiones y de la zona de bote.

TRABAJO DE PIES

Para esperar la pelota en posición abierta, rote el pie derecho hacia afuera y adelante el izquierdo. Cuide el juego de pies y «esconda» al mismo tiempo su golpe de fondo.

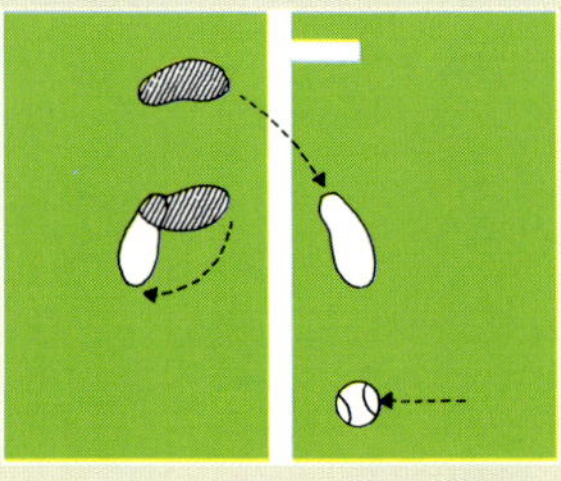

EN LA PISTA

PELOTAS CRUZADAS

Intente enviar una pelota a la vez al campo contrario dejando primero que bote, luego practique golpeándola en el aire, como si devolviese el envío de su adversario. Si nota un progreso, intente mantener un peloteo **profundo y cruzado** con su oponente, de 10 golpes seguidos primero, luego de 20, etc., buscando la **esquina del *drive***. Retroceda en cuanto haya golpeado para mantenerse en movimiento. Los principiantes deberían empezar desde media pista e ir retrocediendo a medida que progresan.

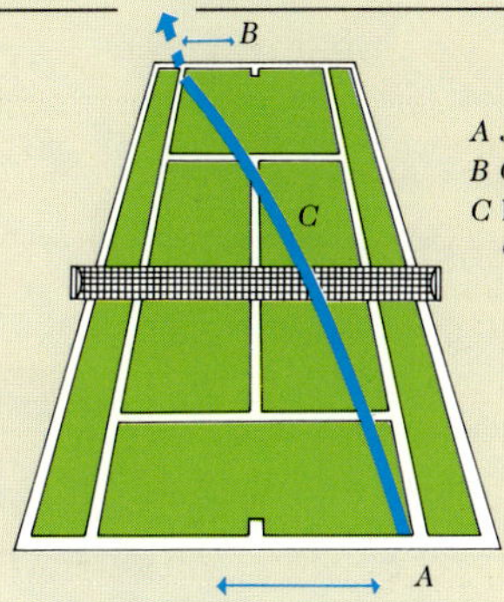

A Jugador
B Oponente
C Drive cruzado

• EQUILIBRIO
Al llevar la raqueta atrás, adelante el brazo pasivo para lograr un mayor equilibrio. Aumentará la sensación de liftado si logra que la cabeza de la raqueta describa un rizo natural al iniciar el *swing*.

• EMPUÑA-
DURA
Use la empuñadura **«apretón de manos»** y recuerde que logrará un mayor control de la raqueta deslizando el índice un poco hacia arriba.

2.º Paso

APERTURA

Partiendo de la **posición de espera**, gire el cuerpo y lance la mano pasiva hacia adelante, flexionando las rodillas al tiempo que lleva la raqueta atrás a la altura del golpe. Al final de la apertura, relaje el brazo y deje que la cabeza de la raqueta inicie el *swing* describiendo un rizo natural.

• RODILLAS
Rote el pie derecho hacia afuera y flexione las rodillas.

• PIE IZQUIERDO
Dispóngase a adelantar el pie izquierdo al iniciar el *swing*.

TÉCNICA

2

3.er Paso

EL GOLPE

Avance el pie izquierdo y dirija la cabeza de la raqueta hacia arriba y adelante, golpeando la pelota a una altura media entre cintura y rodilla.

DISTANCIA
Extienda el brazo pegador al golpear; si flexiona el codo, se habrá echado demasiado encima de la pelota, perdiendo control y potencia de pegada.

CABEZA
La cabeza ha de estar firme y los ojos fijos en la pelota.

HOMBRO
Desplace con vigor el hombro derecho en la dirección del golpe.

FIRMEZA
Aguante la empuñadura y mantenga firme la muñeca en el momento del impacto.

SWING
Obtendrá mejores golpes si une ambas caderas con el *swing*.

RODILLA
Bascule hacia adelante sobre la rodilla anterior flexionada para crear una sólida plataforma de impacto.

PIES
Manteniendo los pies paralelos y algo más separados que los hombros ganará estabilidad en el momento de pegar.

OPCIONES TÁCTICAS
Golpee cruzado y profundo hacia la esquina del *drive* de su adversario, en paralelo a la esquina del revés o intente un golpe muy angulado (buscando con el bote la zona lateral del cuadro de recepción).

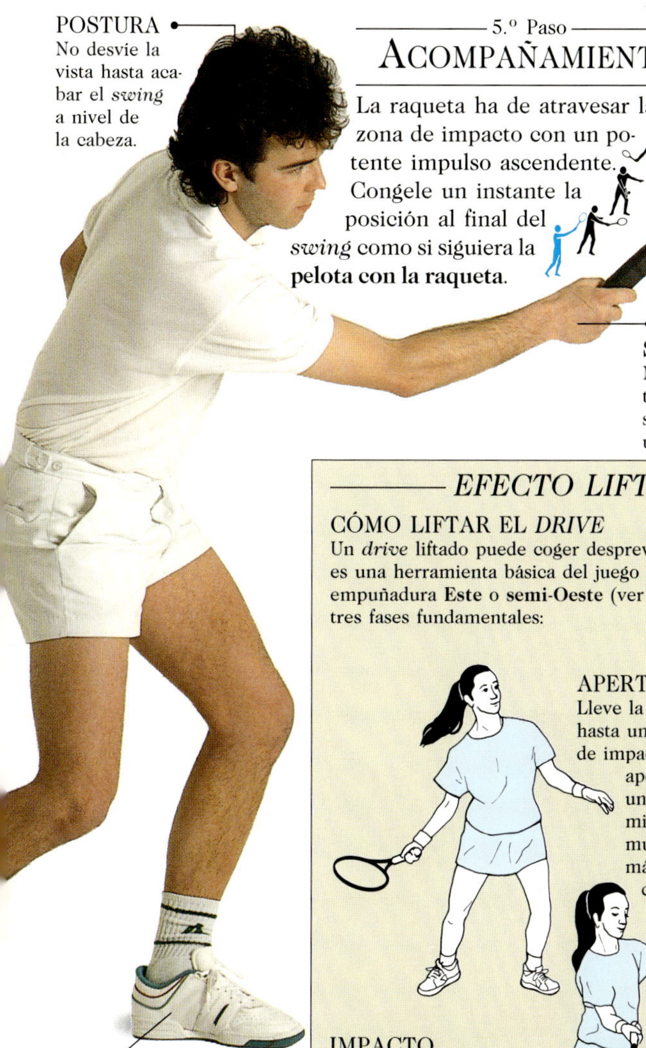

POSTURA
No desvíe la vista hasta acabar el *swing* a nivel de la cabeza.

5.º Paso

ACOMPAÑAMIENTO

La raqueta ha de atravesar la zona de impacto con un potente impulso ascendente. Congele un instante la posición al final del *swing* como si siguiera la **pelota con la raqueta**.

EMPUÑADURA SEGURA
No afloje la muñeca, extienda un poco el índice sobre el mango: logrará un mayor control.

EFECTO LIFTADO

CÓMO LIFTAR EL *DRIVE*
Un *drive* liftado puede coger desprevenido al adversario y es una herramienta básica del juego de ataque. Use una empuñadura **Este** o **semi-Oeste** (ver p. 20). He aquí sus tres fases fundamentales:

APERTURA
Lleve la raqueta hacia atrás hasta una altura similar a la de impacto y encadene la apertura al *swing* con un marcado movimiento circular. La muñeca ha de estar más suelta que al ejecutar el *drive* normal.

IMPACTO
«Peine» la pelota con las cuerdas al golpearla en un movimiento ascendente para imprimirle el mayor efecto posible.

ACOMPAÑAMIENTO
Deje que la raqueta se eleve después del impacto. Flexione el codo y termine el *swing* por encima del hombro pasivo.

ESTABILIDAD EN MOVIMIENTO
Haga bascular el peso del cuerpo a través de la **zona de impacto**. Su pie trasero recuperará naturalmente el equilibrio y la vertical al volver a la **posición de espera**.

TÉCNICA

2

«DRIVE» EN MOVIMIENTO

El trabajo estático puede ser útil pero el juego competitivo suele requerir un enfoque más dinámico. Esta secuencia de movimientos permite observar las posiciones de pies y raqueta a medida que ésta se acerca a la **zona de impacto**. Si bien la plataforma de impacto ha de ser sólida, deje que el movimiento fluya desde principio a fin para poder correr tras la siguiente pelota o recobrar rápidamente la posición anterior.

JUEGO DE ATAQUE

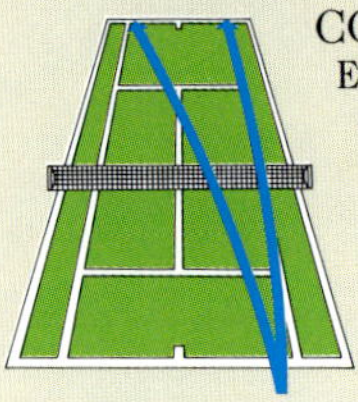

COLOCACIÓN

Envíe drives profundos a una y otra esquina contrarias a fin de mantener a su adversario en el fondo de la pista (ver diagrama). Cruce sus golpes y espere al cambio en paralelo, que es más fácil de devolver.

APERTURA

Comience la apertura antes de llegar a la **zona de impacto** si no quiere tener que prepararse y golpear al mismo tiempo.

TRABAJO DE PIES

Gire hacia una posición abierta e inicie la secuencia sin dejar de controlar la evolución de sus pies.

«DRIVE» ANGULADO

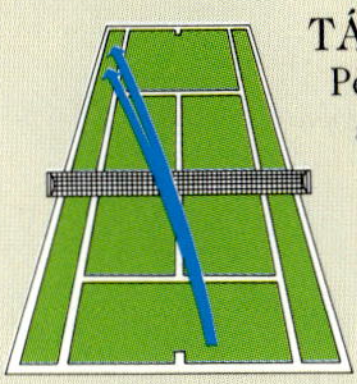

TÁCTICAS

Pegar *drives* **cruzados y con mucha angulación**, como ilustra la figura, puede dar buenos resultados. Las pelotas profundas y cruzadas obligan al adversario a salir de la pista, dejándola desguarnecida tras la devolución.

IMPULSO

En los golpes abiertos, aproveche el impulso del pie trasero para lanzarse en pos de una posición ofensiva.

ACOMPAÑAMIENTO

Termine el *swing* de manera habitual; sin embargo, si está a mitad de pista, agáchese y baje un poco la dirección del golpe, evitando así que la pelota bote fuera.

DESARROLLO

Una apertura adecuada y paralela a la trayectoria de la pelota garantiza un desarrollo elástico y natural del golpe.

TÉCNICA

DÍA 1

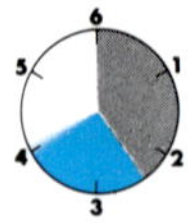

3 El revés

Definición: *Es el otro golpe fundamental en el juego de fondo.*

La preparación del revés puede resultar más efectiva e incluso más natural que la del *drive*. Una empuñadura sólida y una torsión completa del torso le permitirán descargar el golpe con la contundencia de un latigazo. Utilice la empuñadura **Este de revés**.

OBJETIVO: Consolidar un buen golpe defensivo hasta convertirlo en una eficaz arma de contraataque. *Nivel de dificultad* •• con cambio de empuñadura.

2.º Paso

Apertura inicial

Colóquese en posición de espera de cara a la red, detrás de la línea de fondo y con la raqueta delante. Acune el cuello de la raqueta en la mano pasiva para poder cambiar más rápidamente de empuñadura.

CAMBIO DE EMPUÑADURA
Sostenga la raqueta por el cuello con la mano pasiva y rectifique la empuñadura hasta apoyar la «V» en el borde interno del mango.

CABEZA
No gire la cabeza al iniciar la torsión hacia la izquierda.

EMPUÑADURA
Parta de la empuñadura «apretón de manos» **(Este)** y deje que su mano dicte el cambio.

RODILLAS
Rodillas relajadas; aumente la flexión de la más retrasada a medida que va rotando.

PIES
Inclínese hacia adelante y gire el pie izquierdo, apoyando en él el peso del cuerpo a medida que lleva la raqueta hacia atrás.

3.er Paso

APERTURA COMPLETA

Gire aún más los hombros y traslade el peso al pie trasero. Mantenga la mano de apoyo en el cuello de la raqueta, llevándola lo más atrás posible.

ATENCIÓN
No pierda de vista la pelota, siguiéndola por encima del hombro.

CADERA
Pivote todo el cuerpo y alinee las caderas en dirección a la pelota, llevando la raqueta atrás a una altura similar a la del impacto.

AGÁCHESE
No olvide flexionar la rodilla más retrasada al llevar la raqueta atrás; agáchese para ejecutar el golpe.

POSICIÓN DE ATAQUE
Complete la apertura con la espalda vuelta hacia la red. No retire la mano pasiva del cuello de la raqueta y dispóngase a trasladar el peso hacia adelante a medida que desarrolla el golpe y avanza el pie derecho.

CONSEJOS ÚTILES

SI LA PELOTA VIENE HACIA UNO
Apártese de su trayectoria desplazando el pie delantero. Apoye el peso en él e incline el tronco hacia atrás a fin de no limitar la extensión del brazo al golpear. Acompañe la pelota, devolviéndola en la dirección que traía.

PARA GANAR POTENCIA
Si le resulta difícil girar los hombros lo bastante como para pegar con contundencia, intente colocarse de espaldas a la red y pida que le envíen pelotas hacia la posición teórica del revés; siga la trayectoria por encima del hombro y gire al descargar el golpe.

TRABAJO DE PIES
Partiendo de la posición de espera, rote el pie izquierdo hacia afuera y adelante el derecho en dirección a la pelota. La clave del trabajo de pies está en la posición del pie retrasado al entrar en la **zona de impacto**.

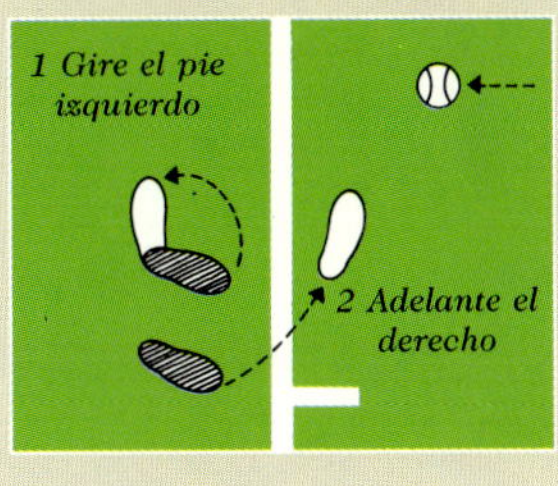

TÉCNICA
3

4.º Paso

IMPACTO

Libere la mano de apoyo y trace un suave rizo con la cabeza de la raqueta, describiendo un *swing* ascendente al tiempo que adelanta el pie.

RAQUETA INCLINADA
Mantenga la angulación de la raqueta durante el acompañamiento ascendente.

A VUELO DE PÁJARO
Desde arriba se aprecia claramente la ubicación del punto de impacto: por delante y fuera del cuerpo, a la distancia del brazo extendido. Use una empuñadura de revés para ganar solidez y lograr una inclinación natural de la raqueta.

MANO ACTIVA
La empuñadura **Este de revés** y una muñeca firme son las claves para lograr un golpe potente y bien dirigido.

CONCENTRACIÓN
Fije la vista en la pelota y sígala hasta el punto de impacto. Cabeza firme.

EQUILIBRIO
Busque el equilibrio extendiendo la mano libre hacia atrás.

GOLPE ANGULADO
Mantenga el brazo pegador extendido durante el impacto; no afloje el puño. Una leve inclinación de la raqueta hacia atrás favorecerá el liftado.

PESO
Apoye el cuerpo sobre la rodilla delantera flexionada mientras desplaza la raqueta hacia arriba y adelante en busca de la pelota. Descanse la punta del pie más retrasado en el suelo.

PIES
Cierre el pie delantero paralelamente a la trayectoria de la pelota para afianzar la plataforma de impacto.

UN «SWING» CRUCIAL

ESPACIO
No escatime espacio al desarrollar el *swing* hacia arriba y adelante en busca de la pelota. Inicie el avance del pie y del *swing* al mismo tiempo. Encadene la apertura al *swing* trazando un rizo y barra de abajo arriba la **zona de impacto** con la raqueta.

POTENCIA
La potencia del **revés** radica en su naturalidad; despliegue el cuerpo y el brazo activo como un resorte. Un revés potente y bien dirigido se prepara pivotando sobre el pie retrasado y girando los hombros hasta dar la espalda a la red. Lleve la raqueta más atrás de su cadera y dispóngase a descargar el golpe en la dirección elegida.

FRISBEE
Jugar a *frisbee* es un buen modo de ejercitar el movimiento de «resorte». Practique luego lanzando la funda de la raqueta en vuelo rasante por encima de la red, desde su **línea de fondo** a la del contrario, imitando el desarrollo completo del **revés**.

5.º Paso

ACOMPAÑAMIENTO

Sienta cómo la cabeza de su raqueta se interpone a la pelota en sentido ascendente y directo hacia la diana.

BRAZO PEGADOR
Extienda el brazo activo y mantenga inclinada la cabeza hasta completar el golpe. Termine el revés con el brazo extendido delante de usted y el mango de la raqueta a la altura de la cabeza.

POSICIÓN
Mantenga la **posición abierta** durante el desarrollo del golpe, recuperando naturalmente la posición frontal de espera.

PESO
Agáchese al golpear, inclinándose hacia adelante sobre la rodilla delantera flexionada. Use el brazo y el pie del lado pasivo para mantener el equilibrio.

PUNTERA
El contacto de la puntera con la pista proporciona equilibrio durante el acompañamiento.

A Jugador
B Oponente
C Revés cruzado

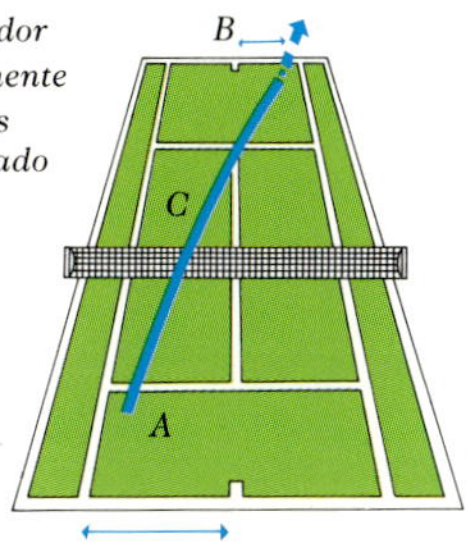

PRÁCTICAS CON OPONENTE
Juegue a devolver **reveses cruzados** de esquina a esquina. Intente mantener peloteos de 10 a 20 golpes. Si no lo consigue, empiece con un golpe por vez, soltando la pelota con la mano.

TÉCNICA

3

REVÉS EN MOVIMIENTO

La correcta combinación del giro y la carrera con la apertura y el desarrollo hacia la **zona de impacto** se logra a través de la práctica. En esta secuencia se observa el ahorro de tiempo y energía que supone encadenar el golpe de manera fluida y sin esfuerzo aparente. Añadiendo el **revés** en movimiento a su repertorio de golpes largos completará usted el dominio del **fondo de la pista**.

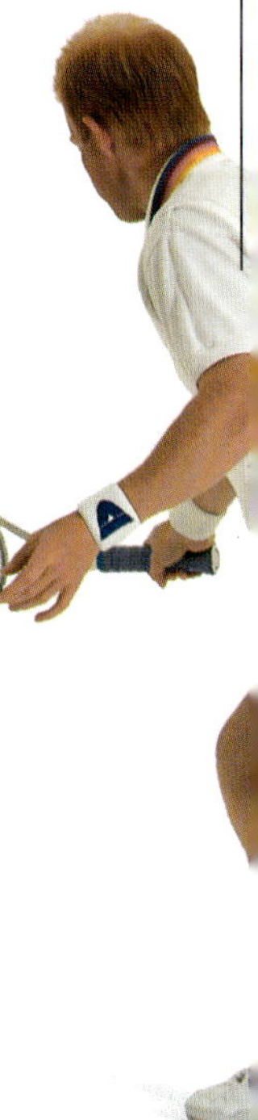

COMO UN RESORTE
Cargue el peso contra la pista en dirección opuesta a la que piensa seguir y déjese impulsar por la fuerza de reacción generada.

SUELTE EL CODO
Pivote sobre el pie trasero y lleve la raqueta atrás, muy próxima al cuerpo. Deje ahora que el codo dirija el *swing* mientras extiende el brazo en busca de la zona de impacto.

COORDINACIÓN
El *timing* depende del trabajo de pies y de la «lectura» de la pelota. Al principio, espere a que ésta empiece a bajar después del bote para ejecutar el golpe. Con el tiempo podrá atacarla cerca de su altura máxima.

VARIANTES

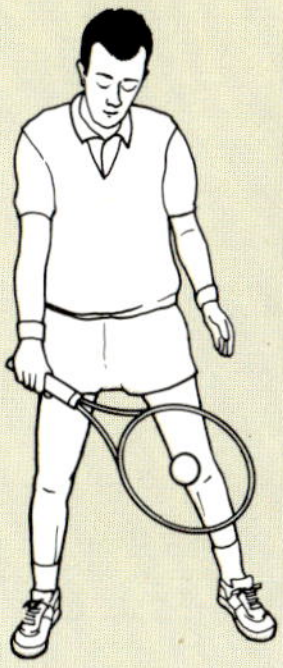

PELOTA AL CUERPO

Si la pelota viene hacia usted, apártese de su trayectoria desplazando el pie anterior e inclínese al bascular a fin de poder extender el brazo en el momento del impacto. Termine el golpe acompañando la devolución en la misma dirección en que ha venido.

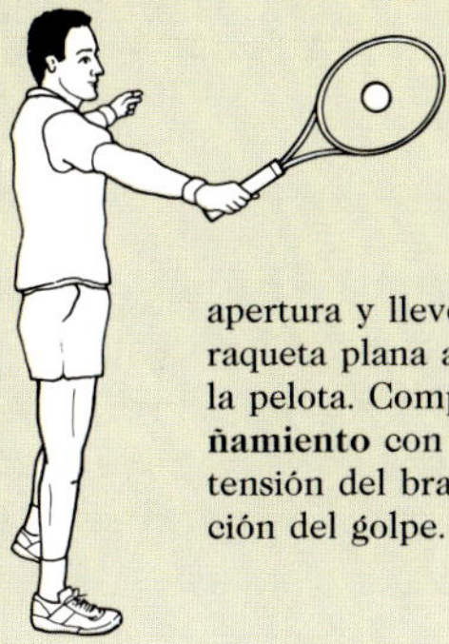

PELOTA ALTA

En las pelotas altas, eleve levemente la raqueta en la apertura y lleve la cabeza de la raqueta plana al encuentro de la pelota. Complete el **acompañamiento** con una amplia extensión del brazo en la dirección del golpe.

• PREPARACIÓN

Corra hacia la pelota describiendo un arco a fin de mantenerse siempre detrás y a un lado de su trayectoria. Inicie la apertura cuanto antes y corrija su posición con un simple paso lateral.

TÉCNICA

DÍA 1

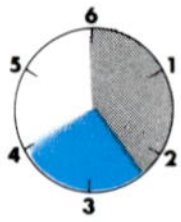

4 REVÉS A DOS MANOS

Definición: *Versión opcional de ejecutar el golpe de revés*

EL REVÉS A DOS MANOS constituye una opción ideal para aquellos tenistas jóvenes que desean imprimir mayor potencia a sus golpes o bien para jugadores mayores que se inician en este deporte. El golpe a dos manos induce a liftar la pelota y da mayor sensación de control y potencia.

OBJETIVO: Golpe de contraataque. *EMPUÑADURAS:* 1 (cambiando); 2 (añadiendo mano). *Nivel de dificultad* •• con 1, • con 2.

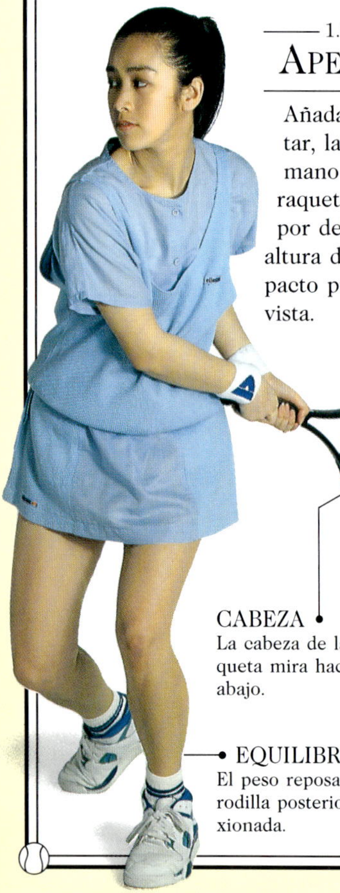

1.er Paso

APERTURA

Añada, al pivotar, la otra mano y lleve la raqueta atrás y por debajo de la altura de impacto prevista.

CABEZA
La cabeza de la raqueta mira hacia abajo.

EQUILIBRIO
El peso reposa sobre la rodilla posterior flexionada.

2.º Paso

EL IMPACTO

Avance el pie del lado activo, llevando la raqueta al encuentro de la pelota. El contacto se debe producir frente a la cadera.

EMPUÑADURA
La potente empuñadura a dos manos otorga mayor control y fuerza al golpe.

DINÁMICA
Deje que la raqueta barra la zona de impacto.

PESO
Ahora el peso ha basculado hacia la pierna delantera.

CAMBIO DE EMPUÑADURA

PROCEDIMIENTO
Sostenga la raqueta con la mano libre y gire la otra hacia adentro hasta que la «V» ocupe el borde interno del mango (ver Empuñaduras, p. 21). Deslice hacia abajo la mano de apoyo hasta quedar sobre la otra con una empuñadura de *drive*.

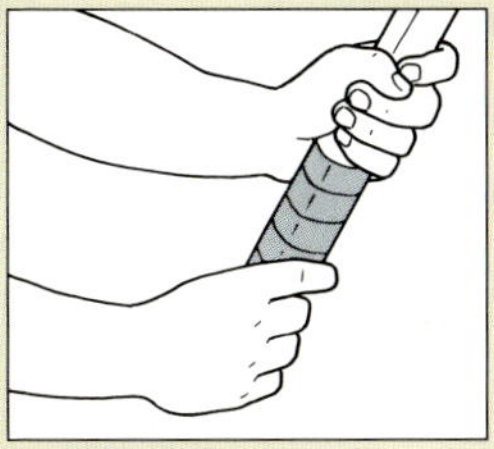

Posición de espera

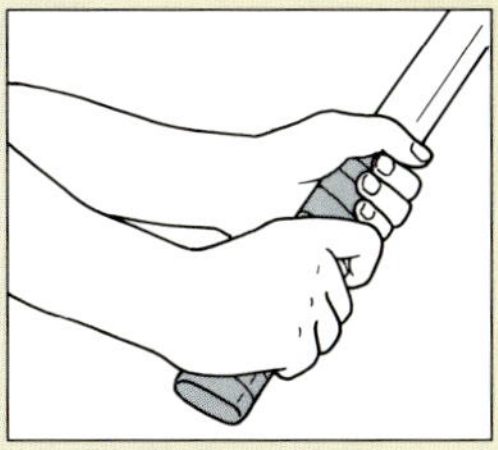

Cambio para el revés

3.er Paso

ACOMPAÑAMIENTO

Prolongue la dirección del golpe después de despedir la pelota. Una buena rotación del tronco y la terminación alta del *swing* aumentarán el liftado y, por tanto, el control de la pelota, aunque es mejor agacharse para ajustar más el golpe.

ALTURA
Un *swing* que acaba alto permite liftar más la pelota.

JUEGO DE MUÑECA
El *swing* con brazos extendidos y muñecas firmes imprime más velocidad que efecto al golpe. El liftado, en cambio, se logra rotando la cabeza de la raqueta de fuera hacia dentro con las muñecas.

LIFTADO
Los codos altos aumentan el efecto y también el control.

RODILLA
Desplace todo el peso del cuerpo a la rodilla anterior flexionada.

VELOCIDAD
Si lo que busca es mayor velocidad y menos efecto, desarrolle el *swing* en la dirección del golpe, como en el revés normal (ver p. 41).

ESTABILIDAD
El pie trasero estabiliza el acabado del golpe.

TÉCNICA

5 EL SERVICIO

DÍA 1

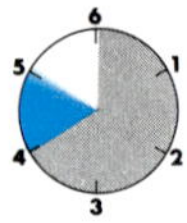

Definición: *es el golpe competitivo por excelencia, ya que inicia cada tanto y puede acabarlo*

EL SERVICIO ES EL GOLPE MÁS devastador del tenis. Partiendo de una posición estática (y aparentemente inofensiva), un servicio bien ejecutado puede convertirse en una arma mortífera de velocidad y potencia. Sienta el ímpetu contenido que se articula progresivamente a partir de sus tobillos como una reacción en cadena que produce al culminar en la raqueta una verdadera explosión «anatómica». Elija la empuñadura **Este Modificada** para empezar, pasando luego a la **Continental**.

OBJETIVO: Marcar el ritmo de juego y forzar situaciones ganadoras. *Nivel de dificultad* ••• a ••••, según habilidad natural.

SABER LANZAR

El servicio no es más que una variante de lanzamiento con el brazo. ¿Puede usted lanzar una pelota? Entonces también puede servir.

1. Sitúese detrás de una **línea de fondo** y lance la pelota con la mano hacia su oponente.
2. Busque la línea de fondo con el bote; apunte incluso a la valla posterior.
3. Después de efectuar 5 lanzamientos profundos, dirija la siguiente serie hacia los cuadros de recepción diagonalmente opuestos.
4. Lanzando por turnos, envíe 5 pelotas a cada uno de los **cuadros de recepción**. Si no logra llegar tan lejos, intente mejorar su alcance con una mayor rotación de hombros.

CÓMO COGER LA PELOTA

SABER SUJETARLA
Si tiene una sola pelota en la mano, sujétela con las yemas de los cinco dedos. Si son dos, sujete la primera pelota entre el pulgar y los dedos índice y medio y sostenga la segunda pelota contra la palma mediante el anular y el meñique. Antes de lanzar, apóyela/s contra las cuerdas de la raqueta.

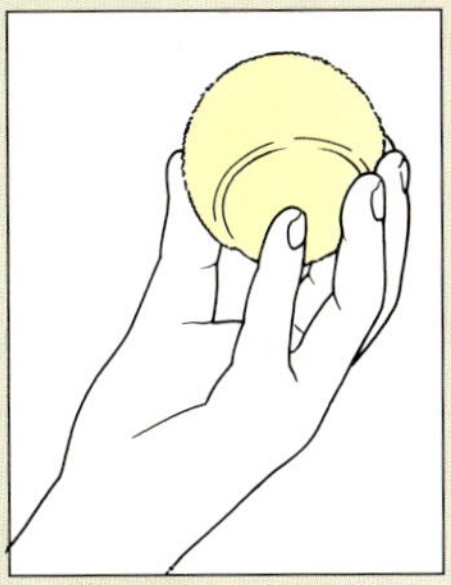

Con 1 pelota

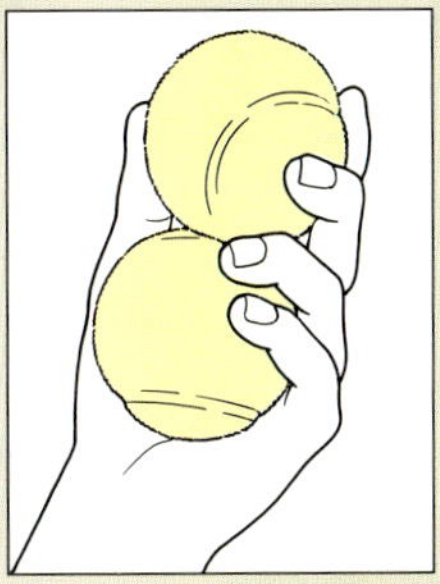

Con 2 pelotas

1.er Paso

POSICIÓN INICIAL

Sitúese justo detrás de la línea de fondo, en posición abierta pero con el pie del lado pasivo a un paso por delante del otro. Flexione ligeramente las rodillas, apoyando el cuerpo sobre el pie trasero.

DÓNDE APUNTAR
Decida la dirección del saque en función de la posición del adversario. Luego inicie el movimiento fijando la vista en la pelota apoyada contra las cuerdas.

BRAZOS
Brazos relajados, dispuestos para la apertura.

POSICIÓN
Encare a su oponente de perfil, a unos 50 cm de la marca central.

RAQUETA
Apoye la pelota en el centro del encordado.

EMPUÑADURA
Empiece utilizando la empuñadura de ***drive*** modificada e introduzca la **Continental** a medida que mejore su juego.

CUERPO FLEXIONADO
Doble las rodillas y mantenga el peso sobre el pie posterior. Apunte el otro hacia el poste derecho de la red. Prepárese a trasladar el peso del cuerpo en cuanto sus brazos se abran.

PIES
El pie trasero debe estar paralelo a la **línea** y a distancia de hombros del delantero.

TÉCNICA

5

OJOS
Dirija la mirada hacia la pelota a lo largo del brazo pasivo extendido.

RAQUETA
Incline la cara de la raqueta hacia abajo, dibujando una diagonal entre la pelota y la inclinación de la raqueta.

BRAZOS
Extienda totalmente el brazo lanzador antes de soltar la pelota, girando levemente los hombros y doblando apenas el codo del brazo activo mientras lleva la raqueta hacia atrás.

2.º Paso

APERTURA

Baje lentamente ambos brazos, separándolos al llegar junto a la cadera. Deje que la raqueta se aleje hacia atrás mientras usted bascula apoyando el peso sobre la rodilla delantera flexionada.

CADERA
A medida que transfiere el peso a la rodilla delantera, impulse la cadera hacia adelante para lograr mayor estabilidad.

PIE ANTERIOR
El pie delantero firmemente anclado se dispone a actuar de plataforma de lanzamiento.

PIE POSTERIOR
Mantenga el pie retrasado en contacto con el suelo y no perderá el equilibrio al bascular.

EJERCICIOS ÚTILES PARA EL SERVICIO

«COLOCAR» LA PELOTA

1. Dispóngase a servir, sosteniendo la pelota contra el encordado. Inicie el movimiento bajando ambos brazos conjuntamente para coordinar el ritmo.

2. Sepárelos, llevando la raqueta hacia atrás mientras extiende el brazo pasivo para lanzar la pelota a una altura aproximada de 2 veces la extensión del mismo.

3. Mantenga la mano allí donde soltó la pelota y espere a que ésta caiga; repita el ejercicio hasta que logre cogerla sin necesidad de mover la mano.

SITUACIÓN DE LOS PIES

Sitúese a unos 50 cm de la marca central y a 3-4 dedos de la línea de fondo. Coloque ambos pies paralelos entre sí y perpendiculares al lugar donde dirigirá el servicio.

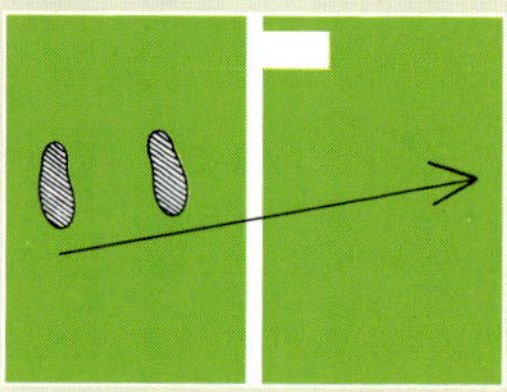

EVITE ERRORES

FALTAS DE PIE
La falta de pie más frecuente consiste en pisar la línea con el pie delantero antes de golpear la pelota, generalmente por haber basculado tarde o iniciar el movimiento con los pies demasiado juntos.

El pie pisa la línea antes del impacto

PELOTA EN EL CENIT
Dirija la cabeza de la raqueta y la mano lanzadora hacia arriba cuando la pelota está en su punto más alto.

EMPUÑADURA
Empiece utilizando la empuñadura modificada de *drive* pero tienda a adoptar la **Continental**, que le proporcionará el necesario juego de muñeca y brazo para servir con eficacia.

BRAZO PEGADOR
Mantenga el brazo activo alejado del cuerpo y el codo elevado mientras se dispone a descargar la cabeza de la raqueta sobre el punto de impacto.

ANCLAJE
No pierda el contacto del pie posterior con la superficie de la pista.

3.er Paso

LANZAMIENTO

Lance la pelota un poco a la derecha y por delante suyo. En cuanto la haya soltado, flexione el brazo activo y eleve la raqueta hasta que apunte al cielo. La **fase de lanzamiento** ha de completarse con ambos brazos apuntando hacia arriba.

RODILLA FLEXIONADA
Flexione la rodilla delantera para que pueda amortiguar el peso del cuerpo al bascular hacia adelante.

TÉCNICA

5

SIGA LA PELOTA

El brazo **lanzador** extendido descenderá a medida que la raqueta cruce por encima de la cabeza en busca de la pelota.

4.º Paso

PREPARACIÓN

Sin detener la secuencia, perciba la «pausa» de la pelota en su cenit antes de alojar suavemente la raqueta detrás de los omóplatos.

COMO UN PISTÓN

Imagínese que en esta posición es usted un cilindro cuyo pistón es la raqueta. Al ascender, ésta acumula velocidad y aceleración, alcanzando su nivel máximo justo antes de golpear.

TRABAJO DE FRONTÓN

EL FRONTÓN

Utilice el frontón para mejorar los golpes básicos. Para practicar el servicio, sitúese a unos 5-6 m de la pared. Realice algunos saques y luego trabaje a fondo los distintos elementos del servicio: el lanzamiento, el movimiento basculante, etc. Finalmente, efectúe la secuencia completa para observar sus progresos.

HOMBRO

Trace una línea ascendente entre ambos hombros elevando el del brazo lanzador para ganar potencia.

CODO

Separe la raqueta del cuerpo, relaje el codo y permita que la cabeza de la raqueta se sitúe detrás de los omóplatos.

RODILLA

Mantenga el equilibrio sobre la rodilla delantera flexionada antes de disparar la raqueta.

ANCLAJE

La pierna trasera estabiliza su posición mientras usted acumula potencia.

5.º Paso

EL IMPACTO

Estire las piernas y lance la cabeza de la raqueta hacia arriba. En el momento del impacto, el cuerpo ha de estar totalmente estirado; sólo las puntas de los pies deben tocar el suelo.

ESTÍRESE
Obtenga un efecto de catapulta estirando al máximo su flanco derecho.

RAQUETA
Golpee la parte posterior de la pelota con el centro del encordado.

BRAZOS RECTOS
En el momento del impacto el brazo deberá estar totalmente extendido y alineado con el hombro. Lance la pelota un poco hacia afuera a fin de no tener que desviar el brazo en su extensión. Al golpear, el brazo **lanzador** continuará hacia atrás y abajo la línea de los hombros para no perder equilibrio.

HOMBRO
Gire vigorosamente hacia adentro el hombro pegador al elevar la raqueta en busca de la pelota.

PIERNAS
Estire las piernas al pegar, con el pie trasero libre y preparado para iniciar el acompañamiento.

MAYOR CONTROL

EXPLOTE EL EFECTO
Incluso el más plano de los saques requiere algo de efecto para su control; imagine pues que está pegando arriba, a través y por encima de la pelota, con lo que aumentará su precisión y enviará menos servicios a la red. Asimismo, los servicios de trayectoria levemente arqueada parecen ganar superficie de recepción.

TÉCNICA
5

7.º Paso
ACOMPAÑAMIENTO

Después del impacto continúe el *swing* de la raqueta hacia abajo y por fuera de su pierna posterior al tiempo que apoya el pie anterior delante de la **línea de fondo** para recuperar el equilibrio.

SWING
Termine el *swing* deslizando la raqueta hasta casi rozar la cadera opuesta, llevando atrás la mano pasiva para mantener el equilibrio.

RECUPERACIÓN
Amortigüe el peso del cuerpo al descender flexionando la rodilla anterior como preparación para devolver el resto o primer paso de subida a la red si se propone **volear**.

OJOS
No los despegue de la pelota durante el acompañamiento.

PESO
Termine el movimiento apoyando con firmeza el peso sobre el pie delantero.

CÓMO EXPLOTAR UN SERVICIO NORMAL

Servicio al cuadro izquierdo, receptor diestro
A Al drive, B Al cuerpo, C Al revés

PORCENTAJES DE SERVICIO

Propóngase meter el 70 % de los saques y mantener así la ventaja táctica. Para lograrlo, practique el servicio a 3/4 de velocidad y nunca al máximo. Cuando sea capaz de sacar abierto, al cuerpo o al centro de la pista y tanto contra oponentes diestros como zurdos, estará en condiciones de conservar la mayoría de sus servicios.

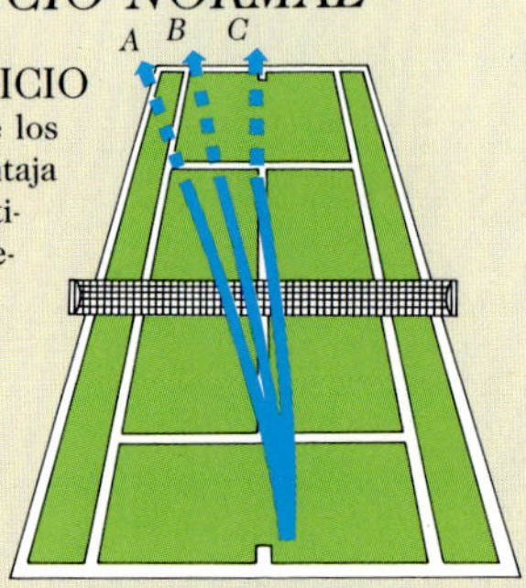

Servicio al cuadro derecho, receptor diestro
A Al drive, B Al cuerpo, C Al revés

SERVICIO CORTADO

RAQUETA
Las cuerdas de la raqueta deberán cortar la pelota a la altura (jugadores diestros) de las 3 en punto.

EMPUÑADURA
La **Continental** ofrece mayor juego de muñeca y flexibilidad.

CONCENTRACIÓN
Mantenga firme la cabeza y la vista clavada en la pelota.

BRAZO PEGADOR
Totalmente extendido al golpear.

RECUPERACIÓN
Al igual que en el saque normal, el pie estabilizador se desliza hacia adelante una vez que la raqueta ha finalizado el *swing*, recuperando la posición.

HOMBROS
Deje que los hombros giren hacia adentro al golpear.

SEGUNDO SERVICIO

El **saque** cortado es un arma muy efectiva. La pelota gira sobre sí misma antes y después del bote, sacando al adversario de la pista sin apenas elevarse. El efecto lateral aumenta su seguridad, por lo que es ideal como segundo servicio.

Servicio plano

Servicio cortado

ANGULACIÓN DE LA RAQUETA

Aumente el giro de hombros con respecto al servicio plano. Al inclinarlos hacia adentro, la raqueta adquiere mayor angulación en el impacto (arriba, derecha), mientras que en el servicio normal la cara de la raqueta está plana cuando golpea (arriba, izquierda). Practique el saque cepillando la pelota con el encordado hacia adentro y adelante.

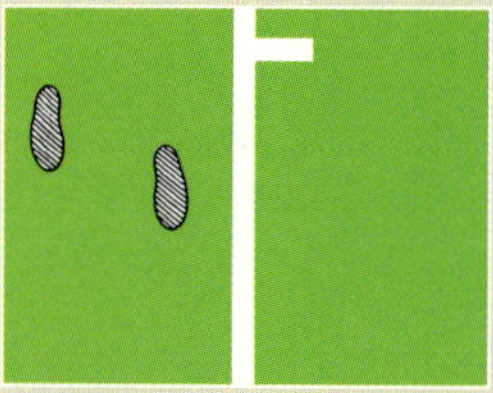

POSICIÓN DE LOS PIES

La posición para el servicio cortado ha de ser **más abierta**; para ello, retrase un poco el pie posterior. Lance la pelota ligeramente hacia adelante y afuera.

TÉCNICA

5

SERVICIO EN MOVIMIENTO

A pesar de ejecutarse desde una posición fija, el **servicio** no es en absoluto un golpe estático. Sus etapas deben fluir sin solución de continuidad, tal como lo demuestra la secuencia que ilustra estas páginas. Imagine que es usted quien saca; encadene una etapa tras otra y sienta cómo la pelota sale de la página impulsada por su rítmico y fluido movimiento.

POSICIÓN

Separe los pies y flexione ligeramente las rodillas: ganará estabilidad.

PREPARACIÓN

Use el pie trasero como resorte, logrando así una total coordinación en el momento de trasladar el peso hacia adelante.

TRAYECTORIA DEL SERVICIO

La pelota describe un leve arco desde detrás de la **línea de fondo** hasta el **cuadro de recepción** de servicio diagonalmente opuesto, donde bota y se dirige hacia el fondo de la pista.

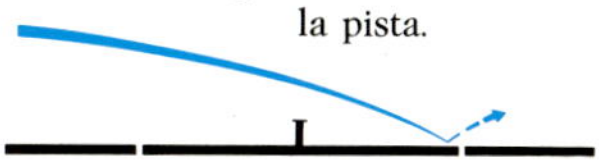

TIRO AL BLANCO

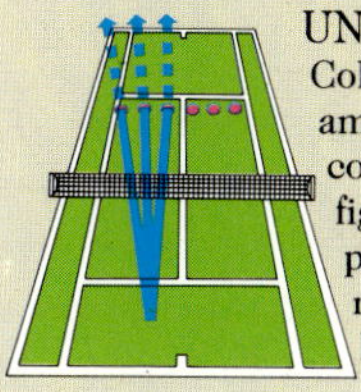

UN EJERCICIO

Coloque dianas en ambos cuadros, como muestra la figura. Dirija dos pelotas a cada diana y contabilice los aciertos.

POTENCIA

Haga un uso gradual y ascendente de la musculatura (partiendo de las piernas hasta llegar a los brazos): añadirá potencia a su servicio.

RITMO

El ritmo continuado del saque en movimiento permite un juego agresivo de servicio y **volea**.

TÉCNICA

6

DÍA 1

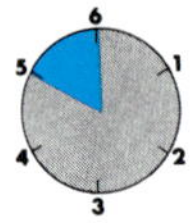

EL RESTO

Definición: *Es, después del servicio, el golpe más competitivo*

LA DEVOLUCIÓN DEL SAQUE es un arte muy preciado y su efecto en el desarrollo de cada tanto resulta decisivo. Pero si es fundamental restar de manera eficaz, la calidad y el tipo de resto que se intente dependerán sobre todo de la potencia del servicio del rival. Debe usted aprender a adaptar sus **golpes de fondo** básicos para contrarrestar la velocidad, altura, efecto y colocación del servicio que recibe. Al principio, intente devolver el saque mediante su ***drive*** y **revés** habituales, adaptándolos luego a las formas de **resto** más elaboradas.

OBJETIVO: Mantener la pelota en juego y, de ser posible, apoderarse de la iniciativa. *Empuñaduras:* Las Este normales para *drive* y revés. *Nivel de dificultad* de ••• a ••••

RESTO BLOQUEADO

Después de una apertura breve, despida la pelota con un golpe seco, como si volease. Sitúese delante de la **línea de fondo** y ataque pronto; **bloquee** la pelota por detrás, buscando el fondo de la pista contraria para anular la ventaja del saque.

CONTACTO
Anticípese a la pelota, golpeando delante del cuerpo.

CONTROL DE LA RAQUETA
Mantenga firme la muñeca; aumentará el control si extiende el índice sobre el mango.

POSICIÓN
Anticipe el **bloqueo** mediante la acción lateral del pie anterior.

MIRADA ATENTA
No desvíe los ojos de la pelota al golpear.

ANGULACIÓN
Incline levemente el encordado hacia atrás: el efecto cortado permite un mayor control.

TRABAJO DE PIES
Los pies pueden situarse paralelos o algo oblicuos a la trayectoria de la pelota.

RESTO CORTADO

El resto **cortado** es ideal para contrarrestar los servicios que botan muy alto. Adelántese a la **línea de fondo** y realice una **apertura** breve y elevada, cortando la pelota en su trayecto ascendente a altura media entre cintura y hombro.

IMAGEN ESCLARECEDORA
La foto ilustra la importancia de golpear la pelota delante del cuerpo y con el brazo siempre extendido. Observe la estabilidad del jugador en el momento del impacto y cómo la raqueta acompaña la pelota después de golpearla.

CORTAR CON INTENCIÓN

1

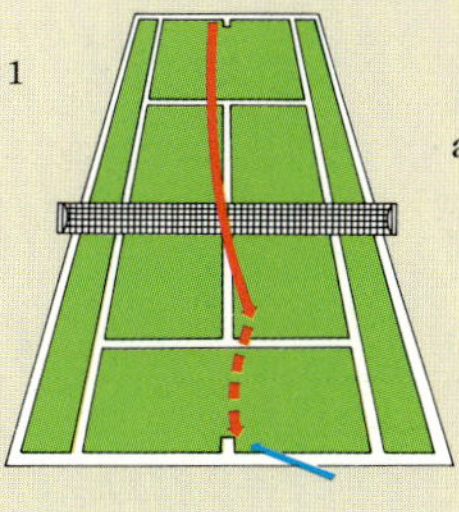

CONTRAVOLEA
Si recibe usted un servicio **paralelo** a su revés desde el lado derecho (1), anticípese a la **línea de fondo** y **corte** el resto hacia abajo, buscando los pies del adversario o las líneas laterales (2), sacándole de la pista para rematar el punto con un ***passing shot***.

2

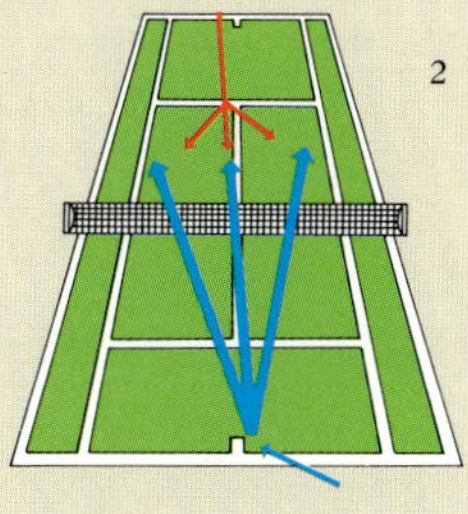

TÉCNICA
6

GLOBO TÁCTICO

1

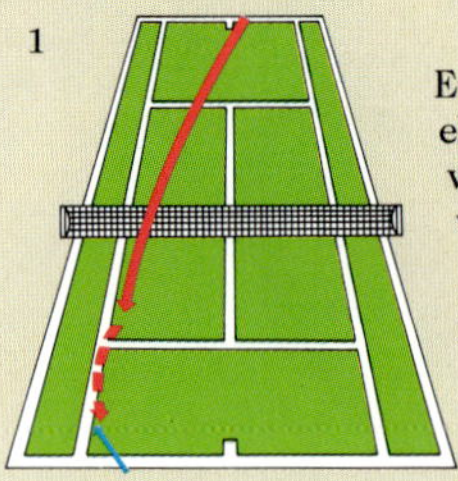

RESTO SORPRESIVO

En la figura 1, el jugador saca desde el lado izquierdo hacia el revés del adversario y corre hacia adelante para volear su resto cortado, bloqueado o plano. Pero un sorpresivo y profundo globo (2) lo pilla a medio camino de la subida. Una vez lanzado el globo cruzado o paralelo, apoye la jugada subiendo a la red.

2

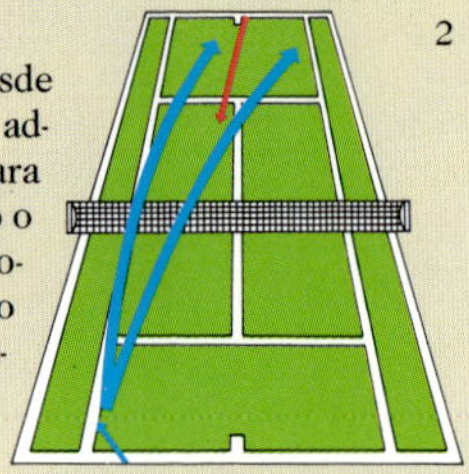

RESTO EN GLOBO

Adelántese a la **línea de fondo** y realice una breve **apertura** baja antes de avanzar hacia la pelota y golpearla hacia arriba, acentuando el liftado.

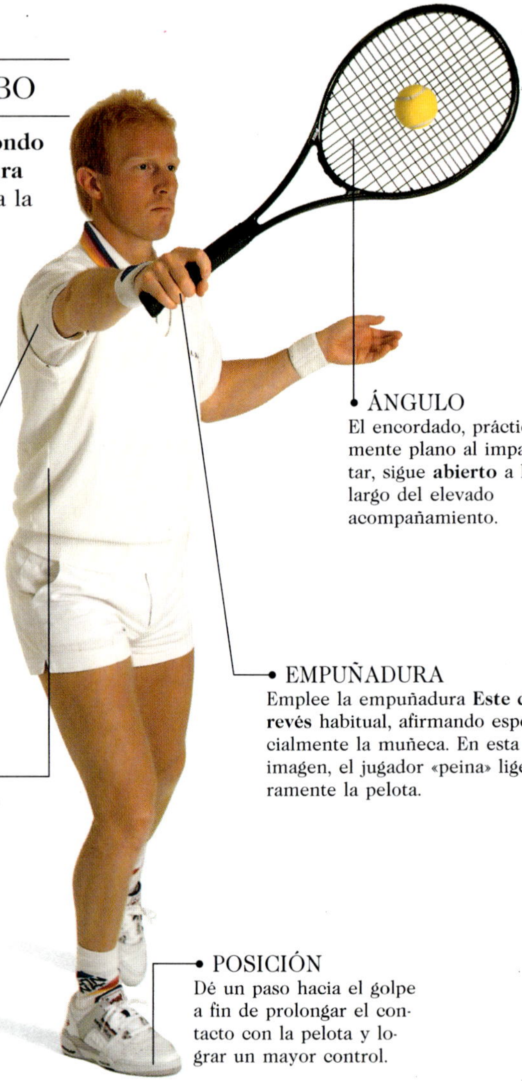

ÁNGULO
El encordado, prácticamente plano al impactar, sigue **abierto** a lo largo del elevado acompañamiento.

IMPACTO
Si el servicio bota alto, golpee la pelota mientras sube (en este caso, a la altura del hombro).

EMPUÑADURA
Emplee la empuñadura **Este de revés** habitual, afirmando especialmente la muñeca. En esta imagen, el jugador «peina» ligeramente la pelota.

SITUACIÓN
Ejecute el resto de globo liftado desde una posición **abierta**.

POSICIÓN
Dé un paso hacia el golpe a fin de prolongar el contacto con la pelota y lograr un mayor control.

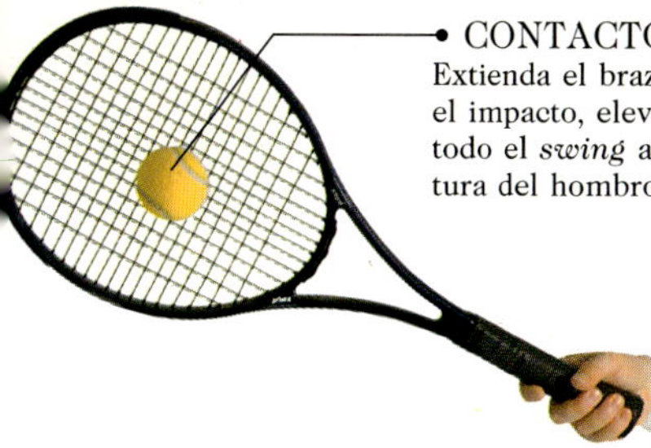

CONTACTO
Extienda el brazo en el impacto, elevando todo el *swing* a la altura del hombro.

EQUILIBRIO
Use la mano libre como contrapeso.

RESTO LARGO

Si ha practicado el resto con sus golpes básicos de fondo, no le será difícil adaptarlos a las variantes que aquí se exponen (alta y baja). Perfecciónelas en la pista, concentrándose en los cambios incorporados.

SITUACIÓN
Pivote a una posición **abierta**, llevando la raqueta arriba en la apertura.

RESTANDO ARRIBA
Todo el cuerpo se endereza para ganar altura.

RESTANDO ABAJO
Para restar un servicio bajo a su **revés**, métase «debajo» de la pelota y dé un paso hacia el impacto. Angule ligeramente el encordado a fin de liftar la devolución.

ATACAR CON EL RESTO

1

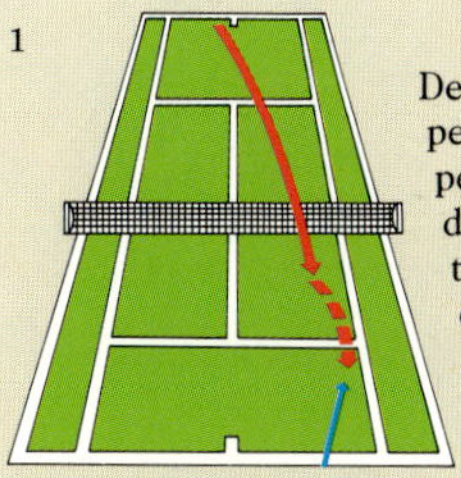

OPCIONES TÁCTICAS
Devuelva un saque corto (1) con un golpe **cruzado** o **paralelo** (2) mientras la pelota está en plena trayectoria ascendente. Al no poder subir a la red detrás del servicio, el adversario se verá obligado a defenderse, cediéndole a usted la iniciativa. Si el servicio fuera aún más corto, angule al máximo el resto para lograr un golpe definitivo.

2

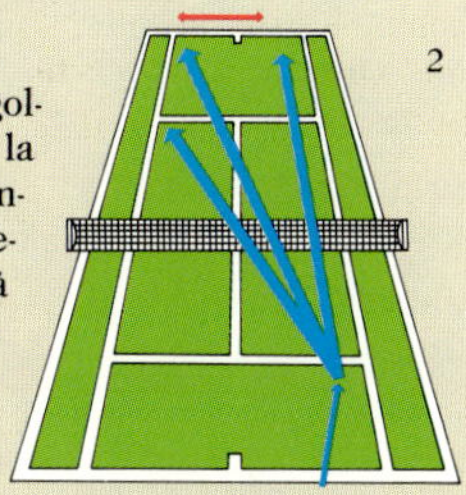

TÉCNICA

7 VOLEA DE DERECHA

DÍA 2

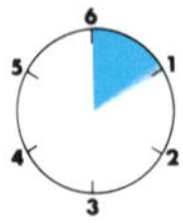

Definición: *Volear consiste en golpear la pelota antes de que haya botado en la pista.*

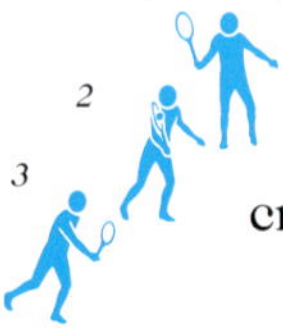

LA VOLEA DEBERÍA EJECUTARSE como el *jab* de un boxeador. Avance hacia la red y lance la raqueta al encuentro de la pelota antes del bote. Las **voleas**, tanto de **derecha** como de **revés**, son golpes cortos y secos que cruzan el aire de arriba hacia abajo, al contrario de lo que sucede con los **golpes de fondo** equivalentes.

OBJETIVO: Presionar la respuesta del adversario y, de ser posible, colocar la pelota lejos de su alcance desde una posición próxima a la red. *Nivel de dificultad* ••

VISTA
Concéntrese en la pelota mientras la atrapa con firmeza y precisión.

CONTRAPESO
Use siempre la mano pasiva para equilibrar sus movimientos.

MANO
Atrape la pelota por fuera y delante del cuerpo antes de que comience a caer hacia el suelo.

PIES
Dé un paso hacia adelante y al costado en busca de la pelota, retrasando el otro pie para conservar el equilibrio.

ATRAPE LA PELOTA

La acción de la **volea** de derecha equivale a coger la pelota con la mano en pleno vuelo. Sitúese frente a su oponente, a unos 3 m de la red aproximadamente, y pídale que le tire pelotas a la altura del hombro; sin esperar a que lleguen, ha de avanzar y atraparlas delante suyo como indica la foto.

POSICIÓN DE LA RAQUETA

Efectúe una **apertura** corta, llevando la raqueta un poco hacia atrás y ligeramente por encima del punto de impacto. Use la empuñadura de *drive* y no afloje la muñeca.

RASTREO

La mano pasiva extendida hacia la pelota que se acerca.

1.er Paso

APERTURA

Pivote hacia afuera, llevando la raqueta a la altura del hombro. Libere al girar el cuello de la raqueta de la mano de sostén y apoye el peso en el pie trasero.

APOYO

El pie de apoyo asegura el giro, pronto a avanzar.

CONTRA LA PARED

Coloque a su adversario de espaldas contra la pared y envíe pelotas a su derecha: al intentar el giro, la pared bloqueará su apertura. Este ejercicio es ideal para corregir la tendencia a exagerar el *swing* en la volea.

TRABAJO EN PIES

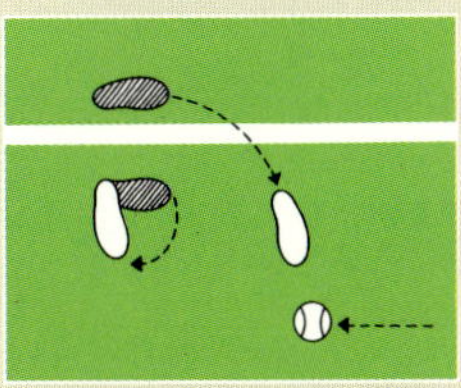

PELOTA NORMAL

Para devolver una pelota fácil, pivote sobre el pie derecho y adelante el izquierdo paralelamente a la dirección en que se acerca la pelota.

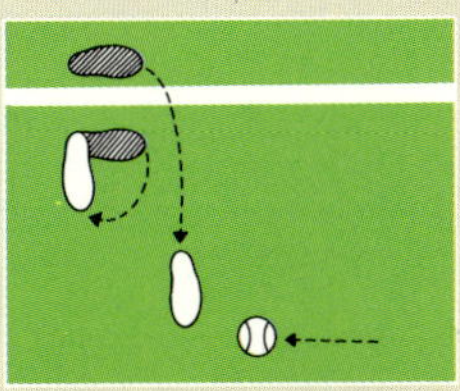

PELOTA ABIERTA

Pivote hacia la derecha y cruce bastante el pie izquierdo, rotando el tronco para no perder el equilibrio.

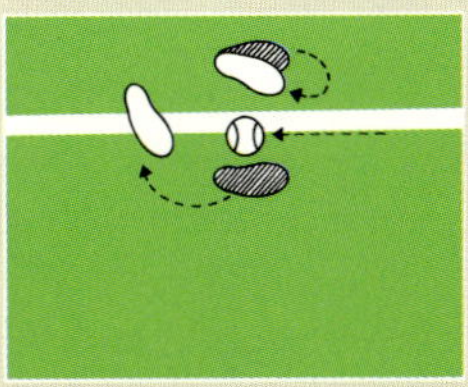

PELOTA AL CUERPO

Gire el pie izquierdo hacia la derecha y dé un paso atrás con el otro a fin de ganar la posición antes de inclinar el peso hacia adelante para ejecutar la volea.

TÉCNICA

7

2.º Paso

EL GOLPE

Impulse la cabeza de la raqueta hacia adelante para golpear la pelota delante suyo y a media altura entre cintura y hombro.

PUNTO DE CONTACTO
Vaya al encuentro de la pelota con todo el encordado.

BRAZO PEGADOR
Extienda el brazo activo al golpear. Pegue hacia abajo y a través de la pelota.

EQUILIBRIO
Bascule hacia adelante, apoyando el peso en la rodilla delantera flexionada.

DIRECCIÓN
Avance en paralelo o cruzándose a la trayectoria de la pelota.

POSICIÓN DE ATAQUE
Golpee la pelota por encima y más cerca del punto de impacto del *drive* de fondo. Trate de ejecutar el golpe a nivel de la vista.

EN EL FRONTÓN

EJERCICIOS DE CONTROL

Consiga mayor precisión y control de la volea practicando con regularidad en el frontón. Sitúese a unos 2 m de la pared y realice series de voleas, girando, avanzando y golpeando la pelota con la raqueta. No se separe demasiado de la pared a fin de limitar la apertura y ganar en velocidad y control de la raqueta.

PRÁCTICAS CON DIANA

En cuanto logre series seguidas de 10 y, luego, 20 voleas, intente dirigirlas hacia una diana dibujada en la pared, aumentando así su precisión. Estos ejercicios le ayudarán además a fortalecer la muñeca.

VARIANTES TÁCTICAS

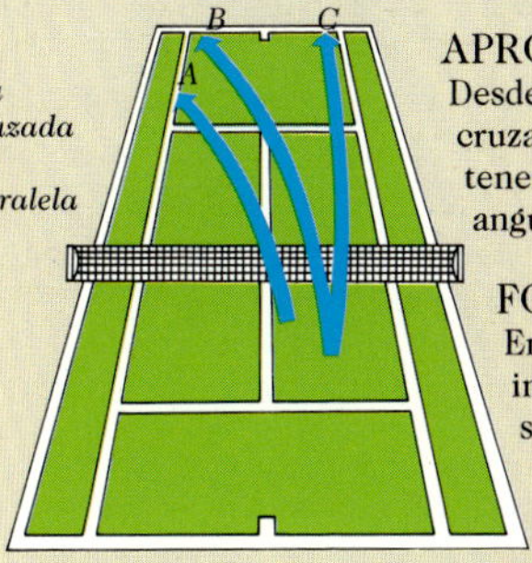

APROVECHE LA SUBIDA
Desde una posición sólida en la red, busque una volea cruzada y profunda o paralela y a la línea para mantener a su adversario en el fondo de la pista o volee angulado, poniendo la pelota lejos de su alcance.

FORMA DEL GOLPE
En la volea, la pelota aún no ha botado; trate de interceptarla por encima de la red con un golpe seco y directo hacia el campo contrario.

3.er Paso

ACOMPAÑAMIENTO

El ligero sesgo descendente de la raqueta añade efecto cortado al golpe y permite un mayor control. El acompañamiento debe ser breve.

HOMBRO
Inicie el golpe desde el hombro.

CONCENTRACIÓN
Cabeza firme, ojos fijos en la pelota.

BRAZO PEGADOR
Mantenga extendido el brazo activo y la cabeza de la raqueta más alta que la muñeca.

ANTEBRAZO
Use inicialmente la empuñadura «apretón de manos», con el índice extendido y el codo alejado del cuerpo, decantándose progresivamente hacia la **Continental**.

CINTURA PARA ABAJO
Flexionando las rodillas ganará estabilidad al reducir la altura del centro de gravedad.

PIE TRASERO
Avance el pie trasero una vez haya completado el golpe para facilitar la recuperación.

PIE DELANTERO
Mantenga la sólida plataforma de impacto durante el acompañamiento.

TÉCNICA
7

VOLEA DE «DRIVE» EN MOVIMIENTO

La volea es, junto con el *smash*, tal vez el golpe más definitivo del tenis y puede convertirse en el arma mortífera de su repertorio. En cuanto se sienta seguro voleando desde la red, comience a practicar desde posiciones más retrasadas; luego dedíquese a dominar la volea en carrera hacia adelante.

ANTICIPACIÓN
Lleve siempre la raqueta delante suyo como si fuera una espada, lista para entrar en acción.

ATENCIÓN
El jugador se planta sobre las piernas bien abiertas, «leyendo» la altura y dirección del golpe del adversario antes de ir a por la pelota.

AUTOCONTROL
Resista a la tentación de los golpes amplios al volear en carrera.

POSIBLES VARIANTES

VOLEA BAJA DE *DRIVE*

Para jugar una volea baja con un mínimo de eficacia hay que agacharse lo más posible, doblando las rodillas cuanto sea necesario para mantener el brazo extendido, la muñeca firme y la raqueta al nivel deseado. Avance hacia la volea cruzando el pie delantero y golpee la pelota desde atrás, angulando ligeramente el encordado para imprimirle efecto cortado.

VOLEA ALTA DE REVÉS

Una buena volea alta exige una posición **abierta**; de lo contrario, la pelota acabará en la red o más allá de las líneas laterales. Se requiere además una gran potencia de brazo y hombro en el momento del impacto seco. Cuide, por tanto, su forma física (ver pp. 16-19).

VELOCIDAD

El control es fundamental ya que la velocidad del golpe depende del movimiento general de avance más que de la amplitud de la apertura.

TÉCNICA

DÍA 2

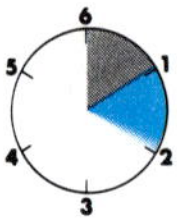

8 VOLEA DE REVÉS

Definición: *Es, al igual que la de* drive*, un golpe corto y seco que se pega fundamentalmente desde la red*

QUIZÁ LE RESULTE más fácil de ejecutar la **volea de revés** que la de ***drive***, ya que es el brazo pegador el que lleva la iniciativa durante la **apertura** y prepara el cuerpo para lanzarse a la acción. Como en todas las voleas, el principal problema es el tiempo: a veces el jugador no tiene más de medio segundo para reaccionar y pegar. El golpe limpio y natural de la volea de revés la convierte en el arma idónea para resolver los rápidos y violentos **peloteos** en la red, donde priman el instinto y los reflejos.

OBJETIVO: Ejercer presión sobre el golpe del adversario y, de ser posible, ganar el tanto o forzar una respuesta defensiva. *Nivel de dificultad* ••

EMPUÑADURA
Parta de la empuñadura **Este de revés**, pasando gradualmente a la **Continental** para todo tipo de voleas.

TRABAJO DE FRONTÓN

Ejercite su volea en el frontón, situándose a unos 2 m del mismo a fin de lograr una apertura más breve y mejorar el control de la raqueta. Realice peloteos de 10 y, luego, 20 voleas seguidas; intente dirigir la pelota hacia una diana dibujada en la pared para desarrollar la precisión. Empiece situándose **de lado** pero tienda a recuperar la posición frontal entre un golpe y otro a medida que se sienta más seguro.

SILUETAS Y HOMBROS

CONTROL VISUAL
Al efectuar la apertura, siempre con la vista fija en la pelota que se aproxima, trate de controlar con el rabillo del ojo la silueta de su raqueta. Verifíquelo practicando el golpe sin pelota. Deténgase al final de la apertura y compruebe si aún puede ver el filo de la raqueta sin desviar la vista del frente.

GIRO DE HOMBROS
Evite dejarse sorprender en una posición demasiado frontal, lo que acabaría con la pelota en la red, rotando el hombro activo hacia adentro al tiempo que pivota lateralmente a la dirección de la pelota. Mantenga asimismo la raqueta cerca del cuerpo y flexione los codos para golpear seco de dentro afuera.

1.er Paso

APERTURA

Gire hacia la pelota a partir de la **posición de espera**, llevando la raqueta atrás y a la altura del hombro posterior mientras la mano de apoyo la sostiene por el cuello.

OJOS
Fije la vista en la pelota.

MUÑECA
Muñeca firme, empuñadura de revés.

RAQUETA
Sostenga la raqueta por el cuello con la mano pasiva. Mantenga el encordado por encima de la altura de impacto.

RODILLAS
Con las rodillas ligeramente flexionadas, busque solidez afirmando el pie trasero. En pelotas bajas, aumente la flexión de las rodillas.

EQUILIBRIO
Mantenga el peso sobre la pierna trasera, basculando hacia adelante al golpear.

PIE
Prepare el pie delantero para recibir el peso del cuerpo.

TÉCNICA **8** — 2.º Paso

EL GOLPE

Abra la mano de apoyo y deje ir la raqueta, avance hacia adelante y levemente hacia adentro con el pie delantero y lance la cabeza de la raqueta en busca del golpe con todo el encordado.

BRAZO PEGADOR
Extienda el brazo activo, trabe la muñeca y mantenga firme la raqueta.

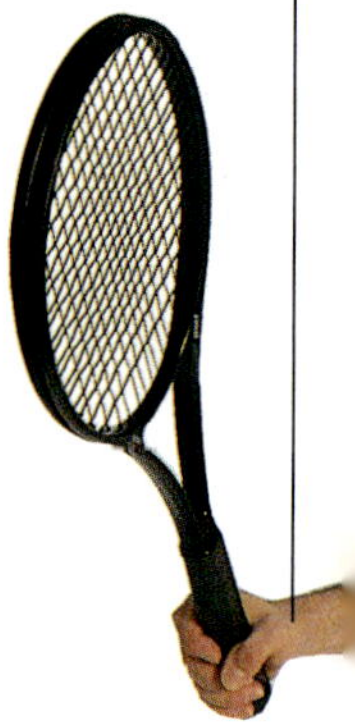

CONTRAPESO
Use la mano libre como contrapeso.

IMPACTO SECO
Empuje la cabeza de la raqueta desde atrás y un poco arriba de la pelota, describiendo una ligera trayectoria descendente al golpear. Apriete el puño, trabe la muñeca y mantenga alto el encordado.

CONTACTO
Golpee la pelota a una altura media entre hombro y cintura.

PUNTO DE APOYO
Transfiera en el momento del impacto todo el peso a la rodilla delantera flexionada.

TRABAJO DE PIES
Los pies han de estar paralelos o ligeramente oblicuos a la trayectoria de la pelota.

VISTA
No descuide la pelota.

BRAZO PASIVO
Equilibre el peso con la mano pasiva.

POSICIÓN
Incline todo el cuerpo hacia adelante al ejecutar el golpe.

PASO ADELANTE
Controle el avance de su cuerpo a fin de seguir el golpe una vez ejecutado.

ESTABILIDAD
Separe los pies; ganará estabilidad y conseguirá un centro de gravedad más bajo.

3.er Paso

ACOMPAÑAMIENTO

Deje que la raqueta, con un breve acompañamiento, complete la **zona de impacto**, extendiendo el brazo activo después de haber despedido la pelota. Una ligera trayectoria descendente de la raqueta imprimirá algo de efecto cortado al golpe, aumentando su control.

DÓNDE DIRIGIR LA VOLEA

VOLEAS ANGULADAS
Lance voleas profundas a las esquinas del adversario, sobre todo desde la zona media. Ya tendrá oportunidad de angular el tiro cuando haya completado la subida a la red. Busque voleas rectas; una volea cruzada ha de ser definitiva si no desea que su oponente le devuelva un *passing shot* paralelo o un golpe cruzado a contrapié... si es que logra llegar a la pelota.

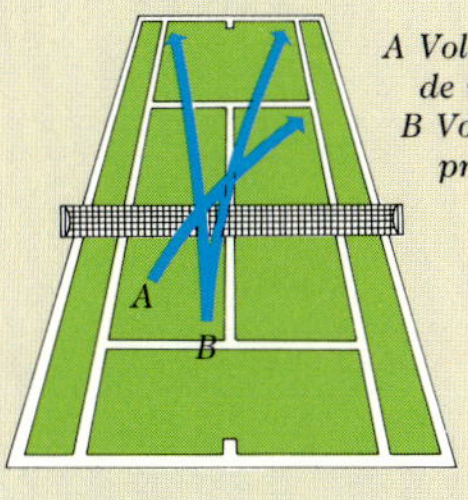

A Volea angulada de revés
B Voleas de revés profundas

TÉCNICA
8

VOLEA DE REVÉS EN MOVIMIENTO

Si bien los golpes de **revés** tienen fama de defensivos, éste no es el caso de la volea de revés en acción. Desarrolle la secuencia del mismo modo que con la **volea de *drive***, comenzando desde el fondo para luego acelerar la subida en busca de la pelota. Se aprecia aquí lo importante que es iniciar el golpe desde abajo y apoyarlo con todo el peso del cuerpo. La leve inclinación de la raqueta sugiere que el jugador ha pegado una primera volea desde mitad de pista y corre hacia la red en pos del tanto definitivo e inapelable.

AL BASCULAR
La **mano de apoyo** suelta la raqueta, que parte como un resorte hacia abajo y adelante.

CONCENTRACIÓN
Mirar la pelota de principio a fin es una regla de oro que garantiza el éxito de este y cualquier otro golpe.

PREPARACIÓN
Tenga la raqueta siempre a punto para el ataque. En las voleas altas, eleve un poco más la raqueta en la apertura para no perder la sensación descendente del golpe.

POSICIÓN
La estabilidad es fundamental, así que separe los pies y no desequilibre el cuerpo.

VOLEA BAJA DE REVÉS

EL GOLPE
Si bien las pelotas bajas son más difíciles de atacar que las altas, no es razón para jugar defensivamente. Flexione las rodillas hasta que sus ojos bajen a la altura de la pelota y avance con un golpe seco y descendente. Dele algo de efecto cortado a fin de superar la red y lograr más control. El éxito radica en la firmeza de la muñeca y en la posición de la cabeza de la raqueta, a la altura o por encima del puño.

TÉCNICA

9 GLOBO DEFENSIVO

DÍA 2

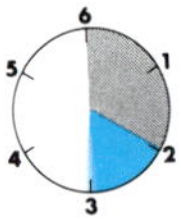

Definición: *Es un golpe de fondo con el que se eleva la pelota por encima del oponente. Básicamente defensivo*

EL GLOBO NO SE REDUCE a lanzar la pelota hacia arriba y esperar a que suceda un milagro. Utilice sus globos como paracaidistas que caen detrás de las líneas enemigas, subiendo a la red mientras su adversario retrocede. No espere a que el oponente se encuentre en la **red** para lanzar este tipo de golpes: un buen globo a tiempo puede minar la confianza del más pintado. Es un golpe más neto que el *drive*, de **apertura** inferior y final alto.

OBJETIVO: Sólida defensa y sorpresivo contraataque. Empuñadura: como un *drive* o revés normales. *Nivel de dificultad* •••

2.º Paso

APERTURA

Prepare el golpe como para un *drive*, llevando la raqueta atrás mientras **abre** su posición. Relaje el codo del brazo activo, dejando que la raqueta trace un rizo bajo. Luego avance e inicie el *swing*, siguiendo una marcada trayectoria ascendente.

EMPUÑADURA
Use la empuñadura Este o «apretón de manos» y mantenga la cara de la raqueta perpendicular al suelo.

POSICIÓN
Avance con la rodilla delantera flexionada al pasar de la apertura al *swing*.

AGÁCHESE
Flexione cintura y rodillas.

3.er Paso

EL GOLPE

Inclínese de modo que el borde inferior de la cabeza de la raqueta quede por delante y trace un profundo *swing* ascendente, impactando la pelota a la altura de la cadera. Apriete el puño al golpear para fijar la muñeca. Controle el *swing* a fin de impactar la pelota descendente a una altura media entre cintura y rodilla.

TRONCO
Cabeza firme; no pierda de vista la pelota. La mano pasiva se retrasa, siempre compensando el peso a medida que el tronco gira hacia el punto de impacto.

PLATAFORMA
Afírmese en el pie delantero, imprimiendo mayor altura y profundidad a su globo.

RAQUETA OBLICUA
Ganará altura si mantiene la raqueta angulada, pero no demasiado o el tiro resultará corto.

POSICIÓN
Agáchese hasta casi sentarse para golpear.

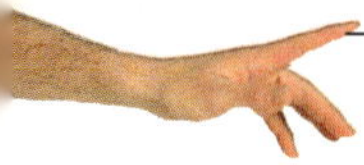

CONTRAPESO
Dirija la mano pasiva hacia la pelota para equilibrar el peso.

TRAYECTORIA

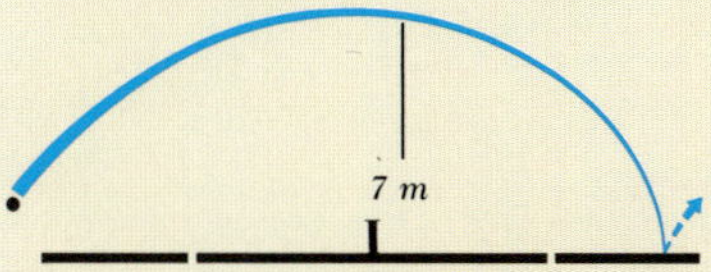

El globo normal lleva un poco de liftado a causa del pronunciado *swing* ascendente y la angulación de la raqueta. Su trayectoria debería ser similar a un arco que pasa a unos 7 m por encima de la red y desciende justo delante de la **línea de fondo** opuesta. Conviene que la pelota se eleve considerablemente después del bote.

ACOMPAÑAMIENTO
La apertura del globo, similar a la del *drive*, puede que engañe a su oponente, pero el acompañamiento característico hacia arriba no deja lugar a dudas. Tras el impacto, deje que la raqueta se eleve a través de la **zona de impacto** mientras usted estira las piernas y «aguanta» el golpe. Acabe el movimiento con la raqueta por encima de su cabeza.

TÉCNICA
9

GLOBO DE REVÉS EN MOVIMIENTO

El **globo de revés** es, como el de ***drive***, una adaptación del golpe de fondo básico. Use una empuñadura de revés, ayudándose de la mano libre en la **apertura**. En el presente caso, el jugador se ha desplazado lateralmente desde su base central para contrarrestar con un globo defensivo cortado la presión de su rival. Su rapidez para llegar a la pelota y un perfecto control de la raqueta bien pueden convertir la defensa en ataque.

OPCIONES TÁCTICAS

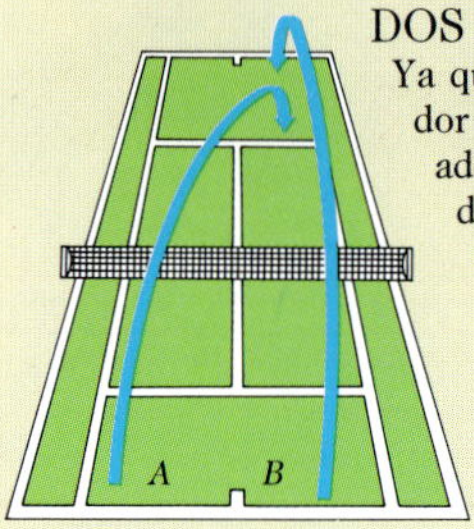

DOS ESTILOS

Ya que los globos cortos son presa fácil del jugador de red, lo mejor será buscar profundidad además de altura. Dirija el globo por encima del hombro pasivo del adversario hacia su esquina del revés, ya que la acción de retroceder en diagonal dificultará su *smash*. En la figura se ilustran un globo ofensivo de revés en diagonal (A) y un globo profundo de *drive* **paralelo** (B). Liftando el globo de revés logrará que la pelota bote lejos del alcance de su adversario.

CONCENTRACIÓN
No aparte los ojos de la pelota a todo lo largo de la **zona de impacto** y siga atentamente el resultado del golpe.

ACOMPAÑAMIENTO
El magnífico equilibrio del **acompañamiento** ha permitido al jugador controlar perfectamente raqueta, pelota y movimiento. Este globo adelantado de revés en carrera ha sido ejecutado con la empuñadura habitual de revés.

ANTICIPACIÓN
Una vez verificada la trayectoria y la intención del golpe del adversario, corra en diagonal hacia adelante para impactar la pelota cuanto antes.

ANGULACIÓN
Si va a cortar la pelota, prepare la raqueta con una breve apertura alta antes de entrar en la **zona de impacto**.

PLATAFORMA DE IMPACTO
Baje lo más posible para ejecutar el golpe, abriendo las piernas sin perder el equilibrio. Incline el encordado hacia atrás para cortar un poco el globo.

TÉCNICA

DÍA 2

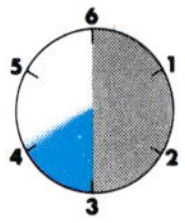

10 «SMASH» OFENSIVO

Definición: *Es el antídoto agresivo contra el globo*

EL REMATE DE «SMASH» es como un asesino implacable quc acccha dispuesto a pulverizar los débiles globos lanzados por un adversario presionado. Si no desea perder la iniciativa, responda a los globos tanto ofensivos como defensivos esmashando con profundidad. Utilice un movimiento similar al del servicio.

OBJETIVO: Ganar el tanto de manera contundente o mantener la posición de ataque. *Nivel de dificultad* ••••

2.º Paso

ATAQUE

Pivote hacia el costado y, doblando el codo, levante la raqueta por encima de su cabeza. Golpee como en el **servicio**.

BRAZO
Siga la caída de la pelota con el brazo libre extendido.

PUNTO DE MIRA
Utilice el brazo como punto de mira.

CODO
Mantenga elevado el codo y dispóngase a alojar la raqueta detrás de los omóplatos.

ANCLAJE
Separe los pies para lograr una base de apoyo más sólida.

VISTA ATENTA
No deje de apuntar hacia la pelota a medida que abre su posición, colocando la raqueta por encima de los hombros antes de iniciar la preparación del golpe.

PERFECCIONE EL JUEGO DE PIES

SALTO LATERAL
Las rápidas series de *smashes* requieren saber mantenerse en posición **abierta**, detrás y debajo de la pelota. El salto lateral le ayudará a lograrlo de manera sencilla: gire para recuperar la posición frontal y salte con los pies juntos hacia el lado adecuado.

PASOS CRUZADOS
Los pasos cruzados requieren algo más de práctica. Después de girar, cruce el pie izquierdo delante del derecho y dé un paso lateral con éste; repita el movimiento hasta lograr la posición deseada.

4.° Paso

EL GOLPE

Extienda totalmente el brazo pegador al tiempo que eleva la raqueta para descargar un golpe lleno sobre la pelota. Golpee un poco por delante y acompañe como en el **servicio**.

TIPO DE GOLPE

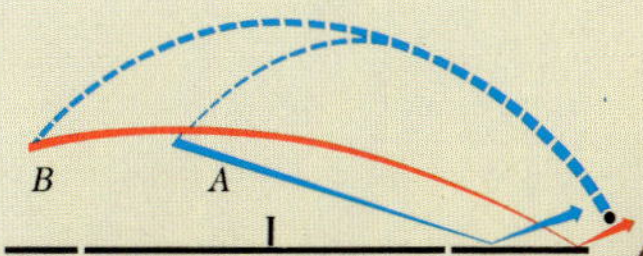

A Smash *en la red; B* Smash *profundo*

Estando cerca de la red podrá angular más el *smash* o hacer que la pelota bote por encima de su adversario. De no ser así, trate de mantener la iniciativa con un *smash* profundo.

PUNTO DE CONTACTO
Golpee la pelota por encima de su cabeza con el brazo totalmente extendido.

EMPUÑADURA
Partiendo de la Este Modificada, progrese hacia la empuñadura de servicio.

INCLINACIÓN NATURAL
Estire e incline todo el cuerpo.

GOLPE DE HOMBROS
Empuje con vigor el hombro en la dirección del golpe.

EQUILIBRIO
Bascule hacia adelante; piernas extendidas.

ESTABILIZADOR
Al golpear, use el pie más retrasado para estabilizar su *smash*.

PUNTILLAS
Estírese de puntillas en busca del punto de impacto.

TÉCNICA

10

«SMASH» CON SALTO EN RETROCESO

Si bien el *smash* en retroceso es quizá uno de los golpes más dinámicos del tenis, el jugador de abajo parece estar suspendido en el aire en el instante del impacto. Esta jugada permite solventar las deficiencias de altura y responder con eficacia a los globos profundos cuando se está en la **zona de la red**. Es esencial saber retroceder con agilidad, buscando rápidamente la posición **abierta** que permita atacar la pelota con precisión durante el salto. En los partidos, sitúese en posición abierta en cuanto vea subir el globo, retrocediendo con **pasos laterales**.

ACOMPAÑAMIENTO

Tras atacar la pelota desde arriba, caiga sobre el pie del lado pasivo y termine el golpe como si fuera un *smash* normal.

PIERNAS

Cruce las piernas en el aire con un movimiento de tijera mientras extiende el brazo y eleva la cabeza de la raqueta en busca del impacto un poco por delante suyo.

OPCIONES TÁCTICAS

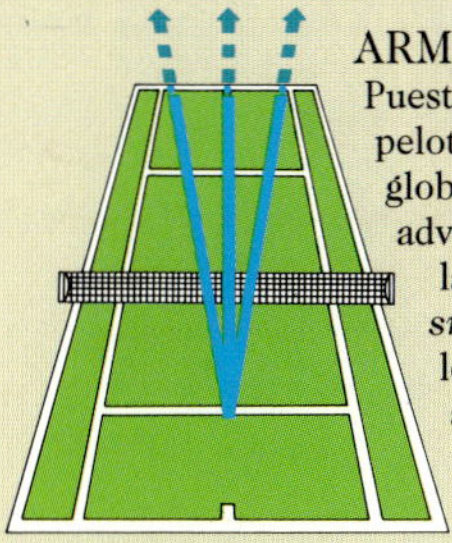

ARMA LETAL

Puesto que el *smash* es ideal contra los globos o las pelotas que botan muy alto, fuerce al rival a jugar globos defensivos. Busque la esquina del **revés** del adversario, pero si éste empieza a cubrirla, rectifique la dirección con un golpe de muñeca, cortando el *smash* hacia la esquina de ***drive***. Intente rematar los globos altos antes de que boten, saltando hacia atrás si fuera necesario. Estando delante de la **línea de servicio**, busque con su *smash* las líneas laterales.

EN PLENO VUELO

Encaje la cabeza de la raqueta detrás de los omóplatos al elevarse mientras usa el brazo pasivo como contrapeso.

COORDINACIÓN

Utilice el impulso de la pierna izquierda para descargar el golpe en el aire antes de que la pelota le rebase.

TÉCNICA

11 APROXIMACIÓN A LA RED

DÍA 2

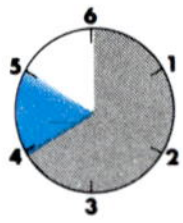

Definición: *Ocupar la red en el momento y con el golpe adecuados*

EL JUEGO DE APROXIMACIÓN se basa en la colocación del golpe. Deje que sea su situación y la altura de impacto las que dictaminen la jugada a elegir, sin olvidar de abreviar la **apertura** para ganar control. Una vez en la **zona de la red**, ponga en práctica su destreza con la volea.

OBJETIVO: Preparar las condiciones para definir de volea. *Nivel de dificultad* •••• *Empuñaduras:* las de los golpes de fondo.

1.er y 2.º Paso

GOLPE DE APROXIMACIÓN

La secuencia corresponde a un revés cortado. Realice un *swing* breve y firme a partir del hombro, golpeando la pelota con un movimiento ligeramente descendente.

EL IMPACTO
Ataque la pelota delante suyo; puño firme sobre el marco y raqueta inclinada hacia atrás.

TRABAJO DE PIES
Prepare el golpe sobre el pie trasero; transfiera luego el peso al delantero, cruzándolo con decisión para aprovechar el impulso.

RAQUETA
Deje que la cabeza de la raqueta suba después del impacto.

3.er a 5.º Paso

ACOMPAÑAMIENTO

Al ejecutar el **golpe de aproximación** su actitud ha de ser netamente ofensiva: utilice el impulso del mismo para lanzarse hacia la red. Finalice el acompañamiento adelantando el pie trasero para ganar solidez.

— ZONAS DE JUEGO —

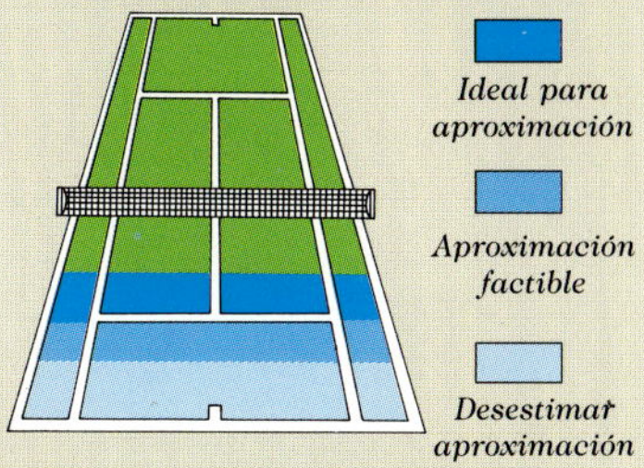

CONSEJOS TÁCTICOS
Nunca intente la aproximación desde el fondo de la pista. Gane la posición antes del golpe del adversario; de no ser posible, haga una pausa en su carrera con los pies separados y listos para atacar.

PIES SEPARADOS
Haga una **pausa** en su carrera separando los pies (ver p. 82) brevemente en el momento de la devolución. Espere atentamente y en equilibrio el golpe del adversario antes de retomar el movimiento de intercepción.

EQUILIBRIO
Para zanjar la subida con una **volea** definitiva, échese hacia adelante y afirme el cuerpo en el golpe.

MUÑECA
No afloje la muñeca durante el **impacto** y el breve **acompañamiento**.

IMPACTO
Cuanto más arriba ataque la pelota, mejor.

TÉCNICA

DÍA 2

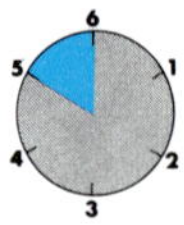

12 SERVICIO Y VOLEA

Definición: *Ofensiva relámpago en dos tiempos*

LA TÁCTICA DE SERVICIO y volea es perfecta para hacerse con el control de la red. Al igual que en el **juego de aproximación**, el éxito de la volea dependerá de la colocación, potencia y profundidad del servicio. Saque cortado y a 3/4 de la velocidad habitual hacia la esquina más débil del adversario para darse tiempo a volear desde una posición sólida.

OBJETIVO: Presionar al rival. *Nivel de dificultad* ••••• *Empuñaduras:* Las de servicio y golpes de fondo.

1.er Paso

APERTURA

Decida el tiempo de saque y la dirección más idónea. Vuele hacia adelante después de servir, poniéndose como meta cruzar la línea de servicio antes de que el adversario haya restado.

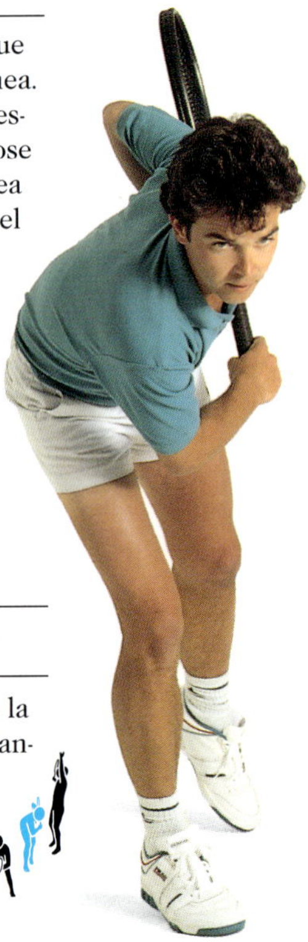

• LANZAMIENTO
Lance la pelota algo más arriba que de costumbre para aumentar la potencia, aunque sin ir a buscarla ni acelerar el movimiento natural.

2.º Paso

ACOMPAÑAMIENTO

El primer paso de la carrera hacia la red lo da el pie trasero al caer delante de la **línea de fondo**. Trate de llegar al cuadro de recepción en unos 6 pasos y dispóngase a **volear** para no ceder la iniciativa.

TIPOS DE PAUSA

TÉCNICA

La **pausa** consiste en interrumpir la carrera y retomar brevemente la posición de espera con los pies separados. Cuanto antes lo haga, mejor preparado estará para correr en cualquier dirección. Observe que el jugador de la ilustración puede desplazarse tanto a la derecha para volear una devolución cruzada del adversario como a la izquierda, abortando con el revés un intento de *passing shot* **paralelo**. Ambas voleas corresponden a una posición retrasada.

4.º Paso

EL IMPACTO

Si se encuentra lejos de la red, volee hacia las esquinas para mantener la presión mientras retoma la subida. Remate las devoluciones altas pero cortas con voleas agresivas.

DINÁMICA

Partiendo de la posición de **pausa**, flexione las rodillas, adelante el pie de apoyo y volee desde abajo.

ZONA DE IMPACTO

Golpee la pelota delante suyo, con la muñeca firme y la cabeza de la raqueta algo elevada.

LA VOLEA

Para tener éxito, nunca descuide las reglas básicas de la volea: no perder la pelota de vista, flexionar las rodillas y sustentar el golpe con el peso del cuerpo.

DESPUÉS DEL FIN DE SEMANA

Añada a sus conocimientos prácticos de tenis algunas reglas y modalidades elementales

HA LLEGADO EL MOMENTO de poner en práctica las modalidades y los golpes avanzados que se describen a continuación. Si desea perfeccionar el juego y compartir su afición con otros, ingresar en un club de tenis es lo más acertado.

REGLAS DE JUEGO

TANTEO

Con el primer punto ganado se llega a 15, a 30 con el segundo, a 40 con el tercero y el cuarto otorga el juego. Se menciona en primer término al jugador que saca (p. ej., si éste gana el primer tanto, el marcador es de 15-0) salvo en el desempate *(tie-break)*, donde encabeza el tanteo quien va ganando. Cuando ambos contendientes tienen tres puntos (40-40), hay «igualdad» y gana el juego quien logra dos tantos seguidos. El primero de ellos otorga «ventaja», pero se ha de ganar el siguiente para deshacer la igualdad. Llegando a 6 juegos con diferencia de 2 sobre el rival se gana un *set*; con el marcador en 5-5, gana el primero en lograr dos juegos seguidos. Los partidos se suelen jugar al mejor de 3 o 5 *sets*.

DESEMPATE

Los **desempates** sirven para deshacer una igualada de 6-6 en un *set*. Los puntos se suman de a uno y el primero en llegar a 7 con diferencia de 2 gana el *set*. Después de un primer saque único, los servicios se van alternando de un jugador a otro cada 2 tantos. Cada 6 tantos se cambia de campo.

Eche a suertes quién sacará primero (cara o cruz, etc.). El ganador podrá elegir entre comenzar sacando, recibiendo, cambiar de campo u ofrecer la elección al rival. Si prefiere servir, el adversario elegirá campo. Saque desde detrás de la **línea de fondo**, comenzando por el lado derecho y cambiando de lado en cada tanto. Golpee la pelota antes de que bote y envíela por encima de la red al **cuadro de recepción** diagonalmente opuesto. Si su primer saque no fuera válido **(falta)**, gozará de una segunda oportunidad, pero una **doble falta** otorgará el punto al adversario. Se puede restar desde donde se prefiera, pero nunca **volear** la pelota ni dejarla botar dos veces. Alterne 1 juego de servicio con 1 de resto y cambie de campo cada número impar de juegos. No se aparte de las normas al jugar.

EL PARTIDO

El éxito sobre la pista depende en gran medida de aspectos tácticos y de colocación. ¡Es hora de aplicar lo aprendido en un partido!

POR IMPORTANTES QUE SEAN LAS PRÁCTICAS, todo curso debe tender a ofrecer la oportunidad de jugar partidos cuanto antes. Y es que lo aprendido durante el fin de semana sólo se somete a examen en el juego competitivo. No se imponga un estilo; la tendencia a jugar desde el **fondo** o **volear** ha de ser natural. Puesto que el tenis se basa en el control, quien cometa menos errores estará más cerca de alzarse con la victoria. Sin embargo, la precaución, siempre aconsejable, puede derivar en un juego exageradamente defensivo. El juego de ataque, con sus golpes definitivos, desestabiliza el ritmo del jugador conservador. Lo ideal, pues, consiste en una oportuna y equilibrada combinación de ambos estilos.

EN LA PISTA

La pista se divide tácticamente en tres zonas: la de **fondo**, posterior a la **línea de fondo**; la **zona de la red**, que va de la red a la línea de servicio; y, entre una y otra, la «**tierra de nadie**».

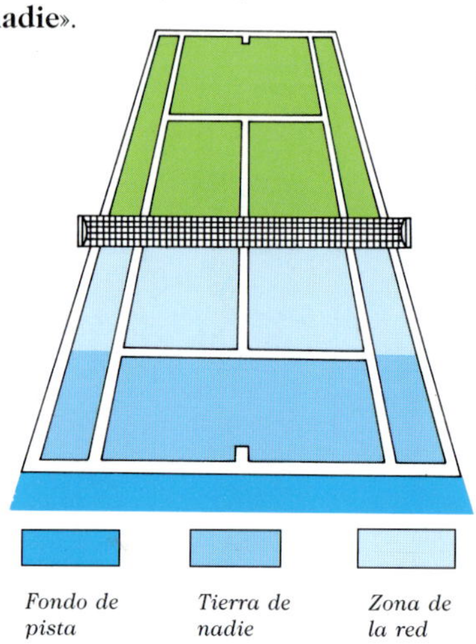

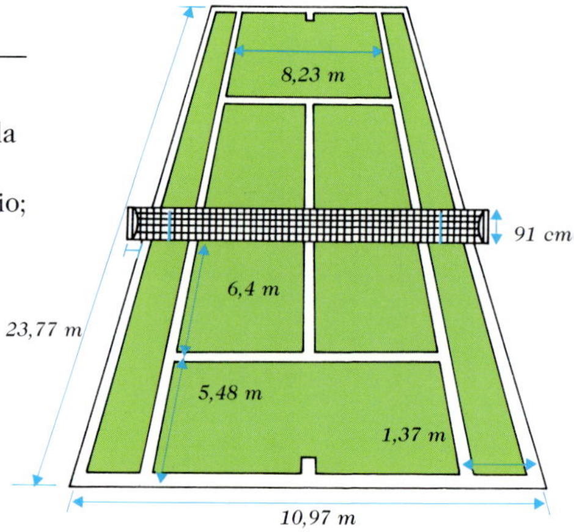

«TIERRA DE NADIE»

Quedarse en tierra de nadie tras un golpe es la mejor manera de recibir una pelota en los pies y no poder intentar más que una defensa apurada.

SUPERFICIE

La pista de dobles es 2,74 m más ancha que la de individual, aunque igual de larga. Los cuadros de servicio son los mismos para ambas modalidades.

TÁCTICA
DEL PUNTO MEDIO

Tras golpear, sitúese en el **punto medio** del abanico de posibles devoluciones. Coloque su próxima pelota de manera tal que el punto medio esté cercano, como ha hecho el voleador de abajo.

CONTRAPIÉ

VARIANTE TÁCTICA

El jugador inferior ha restado en **paralelo** y un poco corto, quedando a merced de una respuesta **cruzada y angulada**. Al verle correr desde fuera hacia una posición más central, su adversario golpea paralelo para cogerle a contrapié.

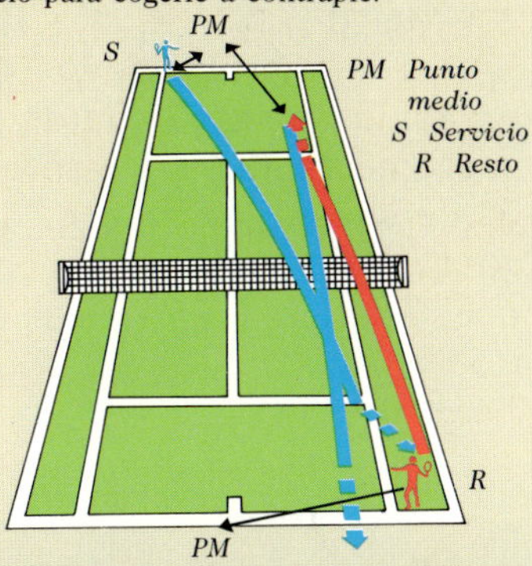

CUBRIR EL PUNTO MEDIO

¡EVITE QUE LE PILLEN!

Para evitar el riesgo de quedar descubierto al ir hacia el siguiente punto medio, haga una pausa mientras observa atentamente el golpe del rival. En la figura, el jugador superior ejecuta un servicio abierto al *drive* de su oponente, que resta profundo y cruzado a fin de tener el punto medio más a su alcance. De haber restado paralelo, la línea media entre los posibles extremos de la respuesta habría pasado al menos a un metro de la marca central.

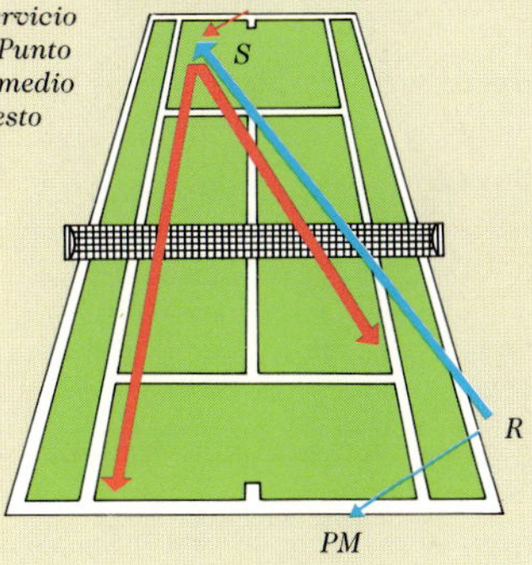

LOS DOBLES

En este enfrentamiento entre dos parejas, las tácticas y estrategias juegan un papel fundamental

EN CONTRAPOSICIÓN AL JUEGO INDIVIDUAL, los dobles se basan casi por completo en el trabajo en equipo. Intente compenetrarse con su pareja, busque la red a la primera oportunidad y no la abandone hasta ganar el tanto. En los **peloteos**, las indecisiones generadas por los golpes al medio pueden terminar por decantar el tanto en contra; por ello, el secreto de las buenas parejas de dobles radica más en su compenetración y en las tácticas ensayadas que en la mera potencia física del tenis individual.

POSICIONES DE SERVICIO

Cada jugador cubre un lado de la pista. Cuando un jugador se cruza, el otro debería desplazarse a su vez para cubrir la zona que ha quedado desprotegida.

AL SERVICIO
Para servir, sitúese a medio camino entre la **marca central** y la **línea lateral** de dobles, lo que le permitirá cubrir todo su lado de la pista.

SI SIRVE EL COMPAÑERO
Sitúese adelante, a unos 2,7 m de la red y equidistante de la marca central y la **línea lateral** de dobles, listo para **volear** o rematar el resto del rival.

POSICIONES DE RESTO

Espere el servicio del rival en la zona de fondo, aunque su compañero puede situarse a media pista. Una vez establecido quién jugará de qué lado, no varíe la formación hasta el final del *set*.

AL RESTO

Ocupe una posición similar a la del juego individual, adelantándose un poco más en los segundos servicios para subir a la red con su resto.

SI RESTA EL COMPAÑERO

Sitúese sobre la línea de servicio, equidistante de la marca central y la **línea lateral** de dobles; desde aquí podrá avanzar a la red, retroceder a la **zona de fondo** o contravo**lear** si el compañero del que sirve intercepta el resto de su pareja.

FORMACIÓN TÁCTICA

Servicio desde la izquierda

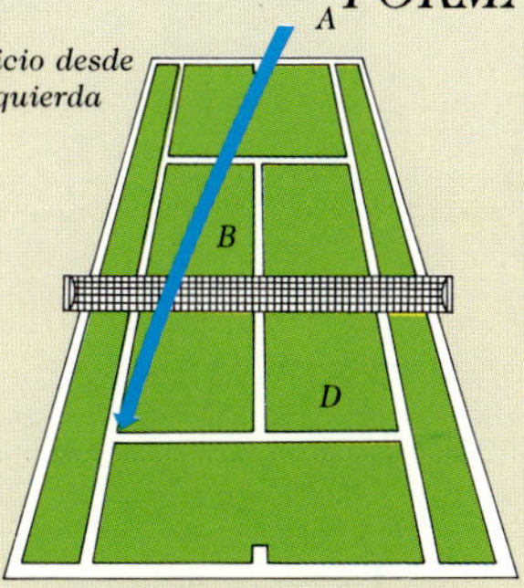

EL JUEGO DE DOBLES

Trate de entrar un alto porcentaje de primeros servicios en el cuadro de recepción; de ser necesario, sacrifique velocidad por profundidad y acierto. Intente restar rasante salvo en los globos y en el 80 % de los casos cruce la pelota para evitar la volea del jugador que está en la red. Si no ha subido tras su servicio o resto, vuelva a intentar la aproximación tras un par de golpes de fondo.

Servicio desde la derecha

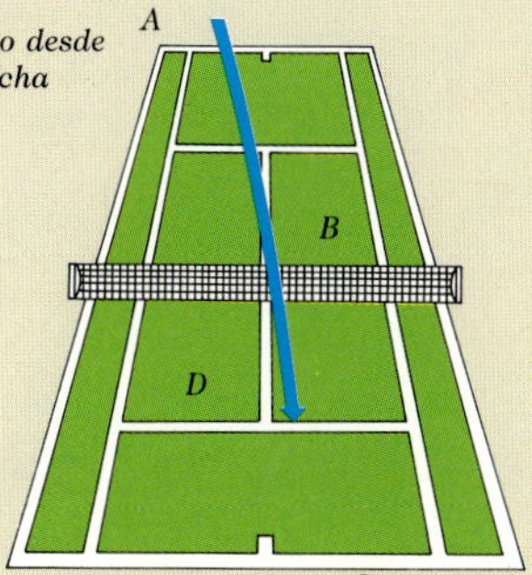

POSICIONES BÁSICAS

Estos dos diagramas ilustran las cuatro posiciones básicas de ataque y defensa al poner la pelota en juego.

A = Jugador al servicio
B = Compañero del que sirve
C = Jugador al resto
D = Compañero del que resta

GOLPES ESPECIALES

Son jugadas cuya ejecución durante un partido requiere un nivel técnico elevado

UNA VEZ DOMINADAS LAS TÉCNICAS BÁSICAS del tenis, conozca algunos de los golpes especiales que harán más completo su juego. Si ha iniciado un programa de puesta en forma, realiza una rutina diaria de estiramiento y juega regularmente en un club, no le será difícil incorporar estas jugadas. Se trata de jugadas de compleja ejecución técnica o competitiva, pero asequibles para quien haya sabido seguir de manera metódica el cursillo de fin de semana. Existen, claro está, muchas otras además de las tres que presentamos aquí, como el servicio liftado o el *smash* de revés. Gracias a la práctica y a la inestimable ayuda de un buen instructor, podrá dominarlas en poco tiempo.

BOTE PRONTO DE «DRIVE»

Realice una **apertura** corta y baja, con la cabeza de la raqueta a nivel de la muñeca. Flexione el cuerpo mientras pivota sobre el pie trasero para agacharse en busca de la pelota que acaba de botar. Muñeca firme.

DEJADA DE REVÉS

El ángulo del encordado es crucial. Corte la cara inferior de la pelota con la cabeza de la raqueta inclinada hacia atrás. La pelota saldrá suavemente despedida hacia arriba, quedando muerta en la pista

contraria después de pasar sobre la red. Acompañe brevemente.

APERTURA
Lleve la raqueta atrás a la altura de la cabeza, con el encordado listo para cortar la pelota.

OJOS
Estos golpes exigen una concentración visual aún mayor.

EQUILIBRIO
Use su mano libre para compensar el peso.

PESO
Apoye el peso del cuerpo sobre la rodilla delantera flexionada para golpear.

CONTACTO
Ataque la pelota a nivel de la cintura. Cabeza de la raqueta en posición abierta.

ESTABILIDAD
Ganará estabilidad si mantiene el pie retrasado en contacto con la pista.

REVÉS LIFTADO

TÉCNICA
Este golpe de ataque requiere perfecta coordinación. Golpee hacia arriba y afuera a fin de imprimir el efecto deseado. Use su empuñadura de revés habitual y lleve la raqueta por debajo de la altura de impacto en la apertura.

EL IMPACTO
Avance paralelamente a la trayectoria de la pelota, volcando el peso sobre la rodilla delantera. Ataque la cara posterior de la pelota con un *swing* ascendente y el encordado casi vertical. Al desarrollar el *swing*, rote levemente la muñeca hacia abajo. Cuidado: ¡una posición abierta de la cabeza de la raqueta cortará la pelota en lugar de liftarla!

Glosario

A

A dos manos. Ejecutar el *swing* cogiendo la raqueta con ambas manos.
Abierto. Se refiere al ángulo del encordado con respecto al eje vertical; en este caso, inclinado hacia atrás.
Ace. Servicio potente y colocado que el adversario ni siquiera logra tocar.
Acompañamiento. Prolongación del golpe una vez producido el impacto.
Apertura. Preparación del golpe antes de iniciar el *swing*.

B

Bloquear. Devolver una pelota rápida con un golpe de fondo seco y corto.
Bote pronto. Golpe dado inmediatamente después del bote.

C

Cerrado. Se refiere al ángulo del encordado; en este caso, inclinado hacia adelante.
Cesta recogepelotas. Contenedor de máquina o manual de pelotas para prácticas.
Continental. Nombre de la empuñadura de servicio originaria de Gran Bretaña.
Contrapié. Golpe que coge al rival corriendo hacia el lado opuesto.
Correr la pelota. Ir tras una pelota muy abierta.
Cuerpo grueso. Raquetas de perfil muy ancho y aerodinámico.

D

Dejada. Pelota corta que queda muerta tras botar en la zona de la red.
Desempate *(tie-break)*. Sistema de puntuación que permite acortar la duración de una manga. Suele ponerse en práctica cuando el marcador es de 6 juegos a 6.
***Deuce* (iguales).** Situación del marcador de un juego en la que ambos contendientes han logrado tres o más puntos.
Doble falta. Segunda falta consecutiva desde una misma posición de servicio. Se pierde el tanto.
Drive. Golpe que los diestros ejecutan por el lado derecho y los zurdos por el izquierdo.

E

Efecto. Cambio de dirección tras el bote debido al tipo de rotación de la pelota.
Efecto lateral. Pelota que rota en sentido lateral y que tiende a desviarse en sentido opuesto después de botar.
Este. Empuñadura originaria de la costa este de EE. UU.

F

Falta de pie. Consiste en pisar o traspasar la línea de fondo en el servicio antes de que la raqueta entre en contacto con la pelota.
Fondo de la pista. Si bien puede incluir la tierra de nadie, se refiere a la zona posterior a la línea de fondo.

G

Globo. Pelota que busca superar al rival por alto.
Golpe cruzado. Pelota que cruza la pista en sentido diagonal.
Golpe de aproximación. Ejecutado para preparar la subida a la red.
Golpe paralelo. Pelota que corre paralelamente a las líneas laterales.

J

Juego de fondo. Golpes largos de *drive* o revés ejecutados tras el bote de la pelota.

L

Lanzar. Tirar la pelota hacia arriba con la mano libre para conectar el servicio.
Línea de fondo. Línea final de la pista, paralela a la red, que une las laterales.
Línea de servicio. Delimita el cuadro de recepción de servicio.
Líneas laterales. Trazan los límites laterales de la pista.
Love. Término con que se designa en inglés el marcador de cero en un juego (p. ej., 15-0: *fifteen-love*).

M

Mano pasiva. Mano que no sujeta la raqueta, vital para el equilibrio del jugador.
Marca central. Breve línea de 10,16 cm que señala el centro de la línea de fondo.

N

Net. Repetición del punto, porque el servicio ha tocado la red.

O

Oeste. Empuñadura de origen norteamericano que sitúa la palma de la mano más debajo del mango que detrás del mismo.

P

Palmeo. Usar la palma de la mano como raqueta.
Pasillo. Zona de la pista comprendida entre las líneas laterales de individuales y dobles.
Pausa. Posición de espera adoptada en mitad de una carrera mientras el rival ejecuta su golpe.
Peloteo. Intercambio de golpes que sigue al servicio y el resto.
Pista izquierda. Mitad de la pista que se extiende a la izquierda de la marca central.
Posición abierta. Jugador paralelo a la trayectoria de la pelota.
Posición de espera. Posición adoptada para recibir el servicio y, en general, punto de partida de todas las aperturas.
Punto de impacto. Punto ideal del encordado con el que debería establecerse el contacto con la pelota.
Punto medio. Punto central entre los dos extremos posibles de un golpe.

R

Resto. Devolución del servicio.
Revés. Golpe que los diestros ejecutan por la izquierda y los zurdos por la derecha.
Rizo. Círculo que en algunos golpes une el final de la apertura y el comienzo del *swing*.

S

Seguir la pelota. Acompañar el golpe en la dirección que se le ha dado a la pelota.
Servicio. Golpe con que se inicia cada tanto.
***Set* (manga).** Cada partido consta de 3 o 5 *sets*, compuestos a su vez por un mínimo de 6 juegos.
Swing. Llevar la raqueta de atrás hacia adelante en los golpes de fondo.

T

«T». Zona de la pista en la que se unen las líneas central y de servicio.
Tierra de nadie. Zona comprendida entre la línea de servicio y la de fondo.
Trayectorias de la pelota. Son dos: una previa y la otra posterior al bote.

V

«V». Ángulo formado entre el pulgar y el índice. Se aplica a la posición de la mano sobre el mango de la raqueta.
Volea. Golpe que se da a la pelota antes de que bote.

Z

Zona de impacto. Espacio en el que se produce el contacto entre pelota y raqueta.
Zona de la red. Comprendida entre la red y la línea de servicio.

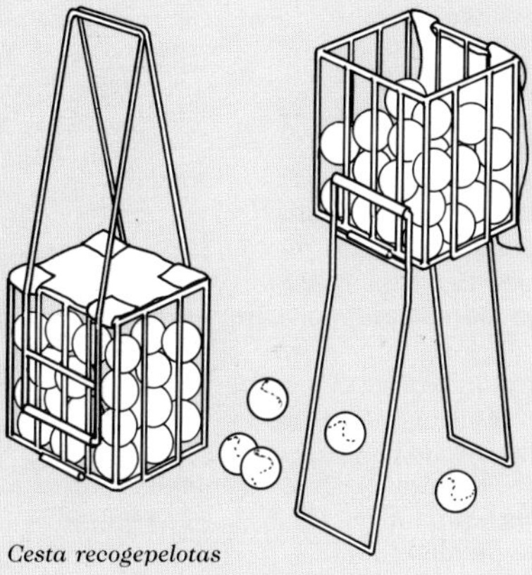

Cesta recogepelotas

Índice temático

AGRADECIMIENTOS

Paul Douglas y Dorling Kindersley desean agradecer a las siguientes personas e instituciones su inestimable colaboración en la realización de este libro:

A Alan Douglas, por su modelaje en las secuencias en movimiento, golpes especiales y otras técnicas. A Ross Mcue, por su modelaje en las técnicas básicas, puesta en forma y exteriores. A Ferida Loh, por su modelaje en los ejercicios de estiramiento, revés a dos manos y *drive* liftado.

Al Chris Lane Tennis and Health Club, por facilitar sus instalaciones.

A Dunlop Slazenger International Ltd., Dunlop Footwear Ltd., Prince (GB) Ltd., Nike (GB) Ltd., Pro-Kennex (GB) Ltd. por ceder amablemente sus equipos.
Al Larry Fulcher School of Tennis, por facilitar la máquina lanzapelotas.

A Plough Studios, Clapham, Londres, por permitir el uso del espacio para la fotografía de interiores y de sus estudios de Londres para el flash de alta velocidad.

A Rob Shone, Craig Austin, Paul Dewhurst y Pete Sargent, por las ilustraciones.
A Phil Hunt y Damien Moore por su asesoramiento editorial.